Sonja Wetzig

DIE DEUTSCHE FESTUNGSFRONT

Sonja Wetzig

DIE DEUTSCHE FESTUNGSFRONT

Ostwall, Westwall, Atlantikwall u.a.

DÖRFLER
ZEITGESCHICHTE

Genehmigte Lizenzausgabe für „Edition DÖRFLER" im
NEBEL VERLAG GmbH, Eggolsheim

1 2 3 4 5 7 6 5 4 3

INHALT

Sonja Wetzig

OSTWALL

Die vergessene Festungsfront im Oder-Warthe-Bogen

QUELLEN UND LITERATURVERZEICHNIS

RH D 9 Geheime Dienstvorschriften, u.a. für Waffen und Ausrüstungen in Festungen

RH D 41/7 Panzer-Atlas 1

RH D 52/21 Merkblatt über Verwendung von Ringständen und ihrer Einrichtungen zum Gebrauch im Bereich des Ob. Befehlshaber West vom 1.6. 1944

Bettinger, Dieter/Büren, Martin: Der Westwall, Die Geschichte der deutschen Westbefestigungen im Dritten Reich Bd. 1 und 2. Osnabrück

Burk, Kurt: Die deutschen Landesbefestigungen im Osten 1919 - 1945. Osnabrück 1993

Förster, Wilhelm: Das Befestigungswesen. Neckargemünd 1960

Hillebrand, Burkhart: Das Heer 1933 - 1945, Bd. 1 Das Heer bis zum Kriegsbeginn. Darmstadt 1954

Kaemmerer, M.: Ortsnamenverzeichnis der Ortschaften jenseits von Oder und Neisse. Rautenberg 1988

Kedryna, Anna / Jurga Robert: Grupa Warowna Werkgruppe "Scharnhorst". Krakow

Kedryna, Anna / Jurga Robert: Grupa Warowna Werkgruppe "Ludendorff". Krakow

Kedryna, Anna / Jurga Robert: Grupa Warowna Werkgruppe "Schill". Krakow

Miniewicz, Janusz / Perzyk, Boguslaw: Die Festungsfront Oder-Warthe-Bogen. Warschau

Molt, Albert: Der deutsche Festungsbau von der Memel zum Atlantik, Festungspioniere, Ingenierkorps, Pioniertruppe, 1900-1945. Friedberg 1988

Tessin, Georg: Deutsche Verbände und Truppen 1918-1939. Osnabrück 1974

BILDNACHWEIS

Archiv 12, Fleischer 18, Jurga 7, Militärhistorisches Museum der Bundeswehr 4, Schwendler 2, Wetzig 47

Abendstimmung im Oder-Warthe-Bogen.

DER OSTWALL
DIE VERGESSENE FESTUNGSFRONT

Fährt man von Berlin in Richtung Warschau die Europastraße 30 entlang, schneidet die Straße zirka 50 km hinter Frankfurt/Oder in der Nahe von Zielona Gora (Grünberg) und Schwiebodzin (Schwiebus) eine der größten noch erhalten gebliebenen Festungsfronten in Europa aus den dreißiger Jahren unseres Jahrhunderts. Für den Betrachter, nicht sofort sichtbar reihen sich in der durch Baumgruppen und Hügelketten geprägten Landschaft, eine Vielzahl von Anlagen der Festungsfront aneinander. Nur das geübte Auge des Spezialisten erkennt die Bunker und Stahlkuppeln als Teile der komplexen Festungslinie. Hierbei handelt es sich um eine ursprünglich auf 110 km Breite ausgelegte Festungsfront die in den dreißiger Jahren 120 km entfernt von Berlin zur Verteidigung der ehemaligen Reichshauptstadt gebaut wurde. Die Überreste prägen auch heute noch die westpolnische Landschaft (Lebuserland) im Gebiet zwischen Oder und Warthe. Die Festungsfront verläuft von Skwierzyna (Schwerin) an der Warthe im Norden, über Miedzyrez (Meseritz) bis in das Gebiet von Schwiebodzin (Schwiebus). Sie ist nach der Maginot-Linie in Frankreich hinsichtlich ihrer Ausdehnung und in technischer Hinsicht die bedeutendste Festungslinie Europas.

Wie kam es zum Bau dieser Festungsanlagen? Ein Ergebnis des Ersten Weltkrieges und dem damit verbundenen Friedensabschluß war der Versailler Vertrag vom 28. Juni 1919. Europa wurde politisch neu gegliedert. Das Deutsche Reich verlor ein Großteil seiner Grenzbefestigungen im Osten und Südosten durch die Errichtung souveräner Staaten. In den strategischen Konzepten des Truppenamtes der Reichswehr mußten für den Kriegsfall zwangsläufig die durch die großen politischen und wirtschaftlichen Veränderungen hervorgerufenen Realitäten angemessene Berücksichtigung finden. In ihrer zahlenmäßigen Stärke und hinsichtlich der Ausstattung mit modernen Waffen nachhaltig reduzierten deutschen Streitkräfte, standen vor der Aufgabe die Verteidigungsfähigkeit Deutschlands nach Osten neu zu organisieren. Zum einen war das eine Aufgabe der politischen Führung in der Weimarer Republik, die ein System bilateraler Verträge mit benachbarten Staaten aushandelte. Das Truppenamt der Reichswehr mußte von einem wesentlich realistischen Bedingungsgefüge ausgehen, die sich aus den Veränderungen östlich der neuen deutschen Grenzen ergaben. Bestandteil dieser Überlegung war die Anlage einer befestigten Verteidigung, womit man durchaus den seinerzeit gültigen militärischen Ansichten folgte. Mit einer solchen Festungsfront verbanden sich zwei Ziele: Im Falle eines Angriffs aus Richtung Osten den Gegner trotz verminderter Stärke der deutschen Streitkräfte aufzuhalten und potentielle Gegner abzuschrecken.

Der Neubau von Festungsanlagen war nach Artikel 180 des Versailler Vertrages untersagt. Dies änderte sich erst nach der Unterzeichnung des Pariser Abkommens 1927, wo vertraglich geregelt wurde welche Grenzbefestigungen Deutschland errichten darf. Finanzielle Mittel für ihren Unterhalt und den Neubau standen nur in einem sehr begrenzten Umfang zur Verfügung. Die noch vorhandenen Festungen waren veraltet, so war man gezwungen neue Konzepte zum Bau von Festungsanlagen zu entwickeln. Im Festungsbau

Die Luftbildaufnahme vom Juni 1998 zeigt das Werk 717

wurde bis zum Ersten Weltkrieg die Auffassung vertreten, daß sogenannte Gürtelfestungen mit einem Ring von Außenforts (Verdun) ein Höchstmaß an Widerstandskraft zu leisten im Stande sind.. Nach dem Krieg gewann die Erkenntnis an Bedeutung, daß Landesbefestigungen unter bestmöglicher Ausnutzung der natürlichen Geländehindernisse als lineare Befestigungslinie anzulegen sind. Das hieß, die neuen Befestigungsanlagen aus Beton und Stahl sollten tief unter der Erdoberfläche errichtet, und somit der gegnerischen Waffenwirkung entzogen werden. Bestes Beispiel war die Maginot-Linie in Frankreich. Die deutsche Grenze im Osten besaß zwei strategische Räume von besonderer militärische Bedeutung. Einmal war das Ostpreußen und das Gebiet unmittelbar im Vorfeld der Hauptstadt Berlin zwischen Oder und Warthe.
In den zwanziger Jahren waren einige feldmäßige Stellungen in Ostpreußen angelegt worden. Zu Beginn der dreißiger Jahre nahmen die Vorstellungen zur militärischen Sicherung Berlins konkrete Gestalt an. 1934 erfolgten erste Geländeerkundungen im Raum zwischen Oder und Warthe. 1935 war das entscheidende Jahr für den Baubeginn im Oder-Warthe-Bogen. In Anwesenheit des Oberbefehlshaber des Heeres Generaloberst Freiherr von Fritsch, dem Chef des Generalstabes, sowie dem Inspekteur der Pioniere und Festungen genehmigte der Reichskanzler, Adolf Hitler, am 30. 10. 1935 den Ausbau des Festungskampffeldes. Die Entscheidung lag durchaus im europäischen Trend. In Frankreich war die schon erwähnte Maginot Linie, in der Tschechoslowakei die Benes-Linie, in Griechenland die Metaxas-Linie und in Rußland die Stalin-Linie im Bau. Dazu ein interessantes Zitat: "Festungsfronten stellen den in die höchste Potenz gesteigerten Stellungsbau dar. Sie gehören in die Gedankenwelt der linearen Schützengrabenstrategie des Weltkrieges... und Festungsfronten können als die modernste Form der Landesbefestigung angesehen werden, die allerdings so angelegt sein müssen, dass sie nicht der Umgehung anheimfallen " heißt es in einem im Jahr 1937 entstandenem Vortragsmanuskript der Wehrmachtsakademie zum Thema "Die strategische Bedeutung von Befestigungen für Deutschland in einem zukünftigen Kriege unter Berücksichtigung verschiedener in Zukunft möglicher Konstellationen" (Wehrmachtsakademie gKdos Nr. 481/37, Berlin 1937). Bei allen konzeptionellen Überlegungen waren Vermutungen über die ersten Operationsziele der polnischen Streitkräfte im Kriegsfall ausschlaggebend. Das war die Reichshauptstadt Berlin.
Der kürzeste Weg nach Berlin führte durch den Oder-Warthe-Bogen. Hier wurde der Schwerpunkt des Angriffs erwartet. In dem bereits erwähnten Vortragsmanuskript heißt es dazu: " Es ist ohne Zweifel, daß aus einem stark befestigten Oder-Warthe-Bogen heraus Berlin nach Osten am besten verteidigt wird und das die Ausstrahlungen dieses Kraftzentrums weit genug reichen, um einen nach Pommern oder Niederschlesien tief eingebrochenen Feind unter günstigen Bedingungen angreifen zu können. " Weiter heißt es dazu : "An der Ostgrenze ist der Oder-Warthe-Bogen in Front und Flanken festungsartig auszubauen. Seine Wirkung ist durch den stellungsmäßigen Ausbau eines Raumes nördlich, östlich und südlich von Breslau zu ergänzen."

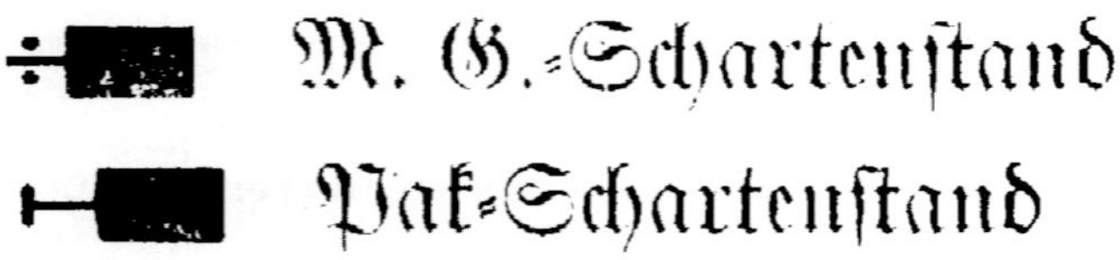

Wie sollte das Bauvorhaben verwirklicht werden? Das Gesamtprogramm war mit einer Bauzeit von sieben Jahren veranschlagt. Die Frontlange sollte 110 Kilometer bei einer Tiefe von drei Kilometer sein. Zwei Infanteriedivisionen von zirka 35. 000 Mann, davon war ein Drittel als ständige Besatzung vorgesehen. Die Kosten wurden mit 600 Millionen Reichsmark veranschlagt .
Albert Molt, der in den 30er und 40er Jahren maßgeblich in verschiedenen Positionen der Festungsbaudienststellen tätig war, schreibt in seinem Buch, "Der deutsche Festungsbau von der Memel zum Atlantik", waren je nach Bedeutung des Werkes und den Geländeverhältnissen verschiedene Ausbaustärken fur Kampfstände ausgewiesen. Für die Kampfführung zum Beispiel waren alle Gewässer mit neuen Wasserbauten als Kampfwagenhindernisse auszubauen. (Molt, Albert; Der Deutsche Festungsbau von der Memel zum Atlantik,Friedberg 1988)
Konkrete Angaben sind in der Vorschrift für den Bau ständiger Befestigungen. Entwurf vom 16. 8. 1933, Teil 3 "Beton und Panzerungen" zu finden. Festgelegt wurden Ausbaustärken in Stahlbeton und Stahlpanzerung.

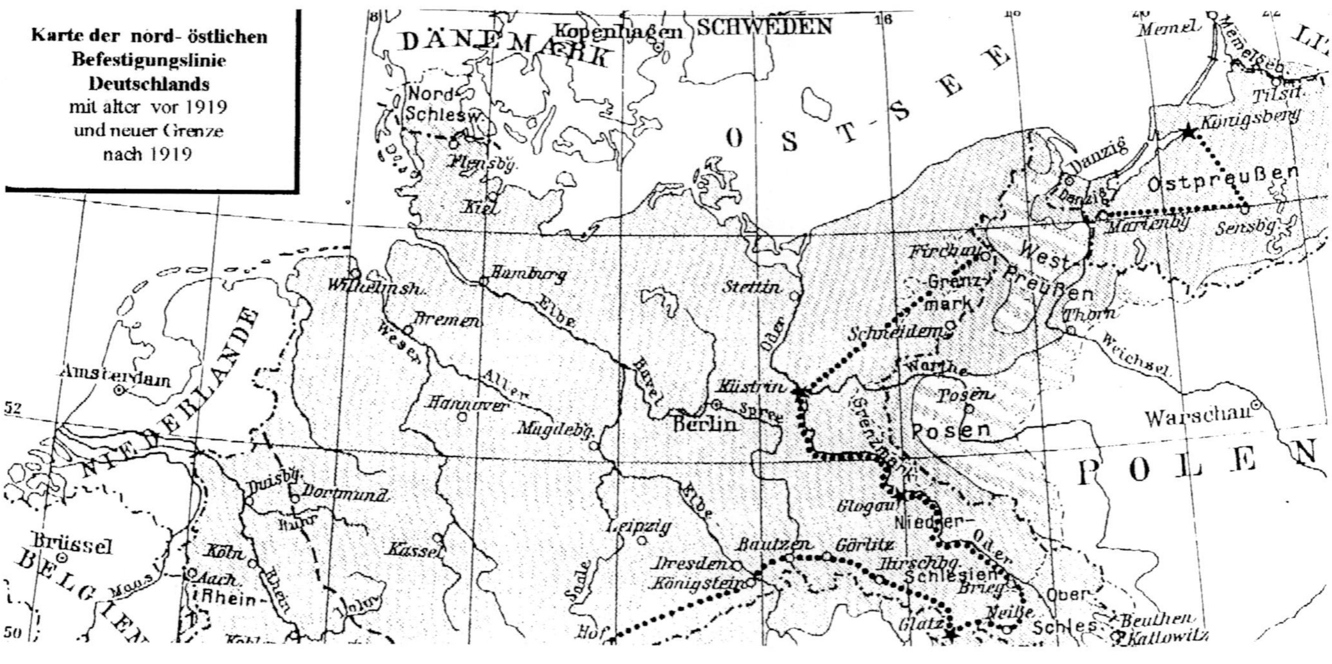

Karte der nord- östlichen Befestigungslinie Deutschlands mit alter vor 1919 und neuer Grenze nach 1919

Die Panzerwerke 716, 716a, und 717 (im Bild) von der Werkgruppe "Scharnhorst". Sie gehören zu den 21 Anlagen der Festungsfront im Zentralabschnitt, die durch ein gemeinsames unterirdisches Hohlgangsystem miteinander verbunden sind.

Unterschieden wurde in: festungs- und stellungsmäßigen Ausbau von Verteidigungsanlagen. Dazu gehörten Einzelwerke, Werkgruppen, Panzerbatterien und dergleichen. Vorgesehen zum Einbau waren, Panzertürme für Maschinengewehre mit zwei, drei oder sechs Scharten, solche für den 5-cm-Maschinengranatwerfer M 19, für den Festungsflammenwerfer mit 75 m Reichweite und für 10-cm-Turmhaubitzen, Panzerkasematten für 5-cm-Panzerabwehrkanonen und andere Geschütze, weiterhin gab es eine Vielzahl von Beobachtungskuppeln, Schartenplatten und anderen Festungsbauelementen. In dem Bericht über die Erfahrungen des Baujahres 1937... (Geheimen Kommandosache des OKH 11 c 41 Gen St d H In Fest la 2300/37 geh.Kodos vom 28. 12. 1937) wurden die Bewaffnung und Besatzungen der Kampfanlagen im Oder-Warthe-Bogen unter Berücksichtigung ihrer Ausbaustärke neu festgelegt:

Luftbildaufnahme der heute noch gut sichtbaren Höckerlinie im Oder-Warthe-Bogen, der als Panzerhindernis im Zentralabschnitt eine wichtige Rolle zugedacht war.

Im Zeitraum 1935-1936 wurde der Bau von Panzerwerken in der Ausbaustärke (1,50) B - alt ausgeführt.

Kampfanlagen	Waffen	Besatzung
D- Stände	1 Maschinengewehr	14 Mann
D Stände	1 Panzerabwehrkanone	14 Mann
C- Stände	2 Maschinengewehre	14 Mann
C- Stände	1 Panzerabwehrkanone	14 Mann
B 1- Stände	3 Maschinengewehre	25 Mann
B-Kleinstwerke	3 Maschinengewehre	10 Mann
B-Werke	5 Maschinengewehre 1 Maschinengranatwerfer M 19 1 Flammenwerfer	mindestens 50 Mann
A-Werke	5 Maschinengewehre 1 Maschinengranatwerfer M 19 1 Flammenwerfer	mindestens 50 Mann

Verantwortlich für den Ausbau war die III. Inspektion für Befestigungen in Küstrin. Die Festungspionierstäbe in Sternberg und Zielenzig leiteten Reichsarbeitsdienst an. Im Bild wird ein Dreischartenturm betoniert.

Das in der Fertigstellung befindliche Bauwerk 602 (Wasserschloß). Es gehört zu einer Vielzahl von Wasserhindernissen, die im Gebiet zwischen Oder und Warthe entstanden. Aufnahme von 1935.

Als typische Bewaffnung eines B-Werkes mit zwei 6-Schartentürme waren als Mindestausstattung vorgesehen:

1 Maschinengranatwerfer M 19
1 Infanterie-Kleinstbeobachtungsglocke
1 Flammenwerfer
1 Maschinengewehr für die Eingangsverteidigung

Anstelle des zweiten 2-Schartenturms können zwei 3-Schartentürme oder ein 3-Schartenturm und ein Schartenmaschinengewehr treten." Weitere Auskunft über die Stärke der verwendeten Panzerteile gibt der vom Oberkommando des Heeres, Chef der Heeresrüstung und Befehlshaber des Ersatzheeres herausgegebene Panzeratlas 1 (Chef H. Rüst. u. BdE 43 f 12 P In Fest IIIc/580/42 gKdos vom 1 . September 1942). Danach besaß ein Panzerturm 2 P 7, mit drei Scharten für ein Maschinengewehr 34, eine 200 mm starke Gußstahlpanzerung mit einem Gewicht von 37 bzw. 41 t. Ein Panzerturm 34 P8 für einen 5-cm-Maschinengranatwerfer M 19 mit einer 270 mm starken Deckenpanzerung hatte das beachtliche Gewicht von 63 t.

Für die 24 zusätzlich in Feldstellungen unterzubringenden Batterien mußten Stellungen mit Mannschafts- und Munitionsunterständen gebaut werden. Fernmeldeanlagen waren zwischen allen Werkgruppen und Einzelanlagen projektiert und sind zum Teil auch fertiggestellt worden.. Molt führt dazu aus: „Für die Bedienung der Waffen, der Maschinenanlagen und für die Sicherheit war an dreifache Dienste für Ablösungen gedacht. Doppelte Ausstattung sollte für die Festungswaffen, fünf Tagessätze für Munition und Verpflegung in den Kampfanlagen liegen. In Depots mußten Vorräte für sechs Monate bereit sein. Die bombensicheren Hauptstrekken der Hohlgänge waren für eingleisige Feldbahn und Fußgängerverkehr in Doppelreihe vorgesehen. Nebenstrecken für Förderbahnen und eine Reihe Fußgänger. Die Eingangsbauwerke waren als vollwertige Kampfanlagen der Außenverteidigung, ähnliche als abschnittsweise Innenverteidigung geplant".

Besonderer Wert wurde wie schon erwähnt auf die Nutzung natürlicher und künstlicher Hindernisse zur Kampfwagenabwehr gelegt. Die sich in Nord-Süd-Richtung ausdehnenden Gewässer, Zuflüsse zur Warthe und zur Oder boten sich dafür an. Südlich von Schwiebodzin (Schwiebus) folgte die Linie der Befestigungen dem gewundenen und versumpften Flüßchen Olobok (Mühlenbock). Die Stauanlagen wurden entsprechenden benachbarten Werke ausgebaut und dienten vor allem als Panzerhindernisse. Im Winter wenn sich Eis auf der angestauten Wasserfläche bildete ließ sich der Wasserspiegel senken, um dem Eis die erforderliche Tragfähigkeit zum Überschreiten zu nehmen. An anderen Stelle wurden Abflüsse von Seen zum Beispiel dem Tiborsee aufgestaut bzw. kanalisiert. Die durch das Hauptkampffeld

Bis 1937 entstanden neun Stauanlagen und ein Wasserablaßwerk. Die im südlichen Abschnitt befindlichen Wasserhindernisse hatten eine Länge von 18 Kilometern und lagen zwischen dem Großen Nischlitz-See und der Oder.

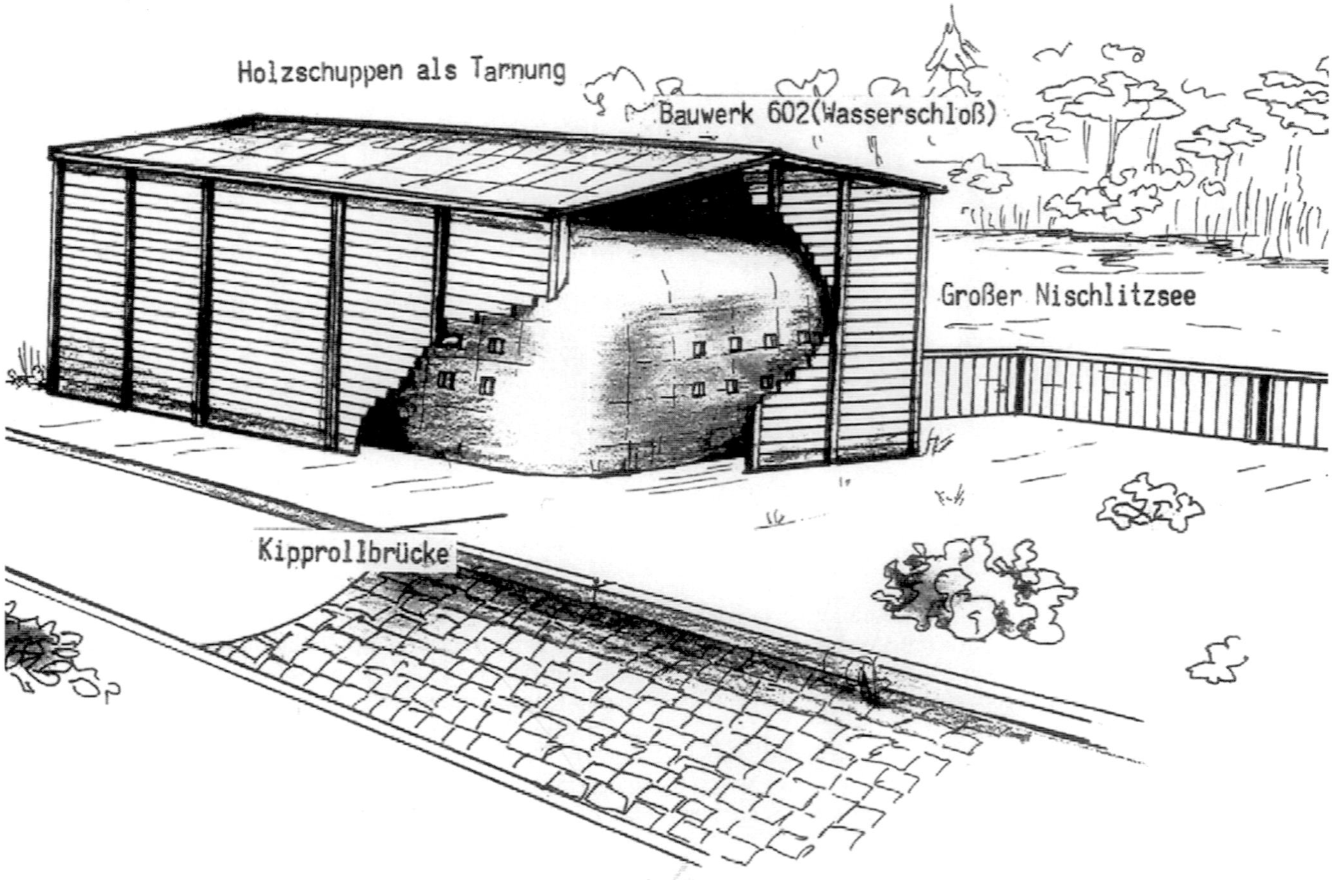

Zeichnung des Bauwerkes 602 (Wasserschloß). Mit dieser Anlage konnte der Wasserzulauf des Großen Nischlitz-Sees reguliert und bis zu 1,5-2,0 Meter abgesenkt werden.

Unten: Schleuße 617 aus dem Südabschnitt der Festungsfront.

Der Stauraum 619 war von Anbeginn mit Unterwasserhindernissen versehen. Diese dienten als Zusatzhindernisse zur wirksamen passiven Abwehr von Panzerkampfwagen

Dabei kamen verschiedene Arten von Unterwasserhindernissen je nach Bodenuntergrund zum Einsatz. Beide Aufnahmen stammen aus dem Jahr 1937.

Weitere Panzerhindernisse waren die gepanzerten Straßensperren. Hier im Bild die Straßensperre am Bauwerk 602 (Wasserschloß). Aufnahme von 1998.

führenden Straßen bekamen abdrehbare oder versenkbare Kipprollbrücken und gepanzerte Schlagbäume. Im Gebiet um Kalawa (Kalau) übernahmen kilometerlange Betonhindernisse und Panzergraben die Aufgabe der passiven Kampfwagenabwehr. Die Festungsfront Oder-Warthe-Bogen unterteilt sich in drei Abschnitte, den Nord-, den Süd- und den Zentralabschnitt. Der festungsmäßige Ausbau der einzelnen Abschnitte war unterschiedlich. Der Nord- und Südabschnitt war mit Werkgruppen sowie Einzelwerken ausgestattet die dem Lückenschluß zwischen den Wasserhindernissen sowie zur Deckung von Brücken und Straßen dienten. An diesen Schlüsselstellungen hat man Maschinengewehr - Schartenstände mit eingebauten Panzerabwehrkanonen-Unterständen errichtet. Die Geschütze mußten erst herausgefahren und in Stellung gebracht werden. Der Südabschnitt ging von der Oder bis zum Großen Nischlitz-See. Am stärksten ausgebaut für eine wirkungsvolle Verteidigung wurde der Zentralabschnitt ostwärts der Ortschaft Hochwalde. Der 15 km breite Frontabschnitt sollte ein Drittel aller Kampfanlagen, darunter 51 Panzerwerke, 4 Panzerbatterien erhalten, die durch ein Hohlgangsystem verbunden waren, erhalten. Von den 330 geplanten Werken wurden im Oder-Warthe-Bogen nur 83 Panzerwerke und 14 Schartenstände mit Pak-Unterständen errichtet. Vielfach fehlten die Eingangswerke und Panzerkuppeln. Dies war eine Folge von Zuteilungen an Baumaterialien, Panzerteilen und Fachkräften. Es zeichnete sich in der Bautätigkeit eine immer stärkere Schwerpunktverlagerung zugunsten der deutschen Westgrenze ab, wo der „Westwall" im Entstehen war. Maßgebend dabei war Hitlers „Denkschrift zur Frage unserer Festungen" vom 1. Juli 1938. Verschiedene begonnene Bauten durften noch fertiggestellt werden. So zum Beispiel das Tiborlager für drei als Sicherheitsbesatzung vorgesehene Regimenter und unter anderem das Hohlgangsystem Hochwalde.

Die Kriegsgliederung des Feldheeres sah zu Beginn des Zweiten Weltkrieges für den Oder-Warthe-Bogen eine Grenzwacht in Stärke von zehn Kompanien mit 16 Panzerabwehrkanonen vor. Die Grenztruppen umfaßten drei Grenzinfanterie- und drei Grenzartillerieregimenter, die durch ein Grenzbataillon und eine Grenznachrichtenabteilung ergänzt

Eine wichtige Rolle spielten auch die Brücken. Ihre Sicherung wurde durch Dreh- oder Kipprollbrücken gewährleistet.

Zu dem Festungskampffeld im Oder Warthe-Bogen zählten verschiedene Panzerhindernisse. Unter anderem die heute noch erhaltenen Betonhöckerhindernisse.

wurden. Diese Kräfte unterstanden dem Grenzschutz-Abschnittskommando 12 in Küstrin (zugleich Festungskommando). Im Polenfeldzug kam es durch den für Deutschland erfolgreich verlaufenden Feldzug zu keinem Kampfeinsatz in der Festungsfront.

Wie es häufig während der Kriegsjahre der Fall war, wurde aus den Festungsanlagen, so auch aus dem Oder-Warthe-Bogen Maschinen, Nachrichtenanlegen, Kabel, Gerät und Hindernismaterial demontiert und in anderen Verteidigungsanlagen verwendet. Verschiedene Anlagen erhielten eine neue Zweckbestimmung. In Hohlgänge und -räume zum Beispiel wurden unter anderem Akten Berliner Ministerien eingelagert oder es zogen ausgebomte Betriebe mit ihren Maschinen und Arbeitskräften ein.

1944 kehrte der Krieg nach Deutschland zurück. Nun war Eile geboten. Es galt die Festungsfront Oder-Warthe-Bogen zu reaktivieren. Das Oberkommando des Heeres beauftragte die Inspektion Pioniere und Festungen mit der Wiederbesetzung der Festungsanlagen. Am 2. Oktober 1944 war eine Besatzungsstärke von 4.300 Mann festgelegt worden, für die eine entsprechende Beschaffung und Bevorratung an Waffen, Munition, Verpflegung, Sanitäts- und Wirtschaftsgerät zu erfolgen hatte.

Die Armierungsmaßnahmen lösten zahlreiche Bauaktivitäten aus, um die vorhandenen Anlagen zu modernisieren. Es wurden Panzerhindernisse, Sperren, Brücken, Betonringstände (sogenannte „Tobrukstände“) zur Verstärkung der Hauptkampflinie angelegt. Sie dienten als Stellungen für Maschinengewehr und leichte Granatwerfer. Ihre Anlage war in einer Verfügung vom Oberbefehlshaber des Heeres, Gen. d. Pi. und Fest.Nr.3800/43g vom 22.5.43 als Bauwerk der feldmäßigen Befestigung zum Bau befohlen worden. Am 3.10.1944 wurde die Überprüfung der B-Werke im Oder-Warthe-Bogen angeordnet. Dazu heißt es: die B-Werke im Oder-Warthe-Bogen sind zu überprüfen, ob sie noch als solche bewertet werden können. Im Falle ihrer Besetzung durch Bedienungspersonal müssen für 30 Tage Vorrat bereitgestellt werden. B-Werke die nur als Maschinengewehrstande, bzw. nur zur Lagerhaltung benutzt werden sollen, sind als solche zu kennzeichnen. Die Notausgänge in den unteren Stock-

Im Bild am rechten Rand ist der angelegte Panzergraben durch Baumbewuchs noch gut zu erkennen.

Ein im Bau befindliches Panzerwerk. Zu sehen ist die Eingangsverteidigung und der mit Holz verkleidete Sechsschartenturm.

werken müssen so ausgebaut werden, daß bei Zerstörung der oberen Ausgänge die Truppe durch die Notausgänge das Werk schnellstens verlassen kann.
Weitere Baumaßnahmen betrafen unter anderem: die Innenausstattung mit Lüftern, Öfen, Waffen, Munition, Feld- und- Geschützstellungen. Der Nachschub war wegen fehlender Transportmittel ungenügend. Die Verteilung des Materials und Gerät von den Pionierparks zu den Bahnhöfen und Baustellen verzögerte sich mangels an Betriebsstoff für Lastkraftwagen. Sämtliche Armierungsarbeiten wurden durch Kräfte des Festungs-Pionierstabes durchgeführt. Für die Einbauarbeiten wurden nur von Fall zu Fall Arbeitskräfte zur Verfügung gestellt. Mit Rücksicht auf die sonstigen Arbeiten, Bau von Ringständen, Panzerhindernissen, Sperren und Brücken ergab sich eine weitgehende Zersplitterung der Arbeitskräfte und dadurch gingen die Arbeiten nur schleppend voran. Es herrschte ein Mangel an geschulten Kräften, wie es in einem Bericht vom 21.11.1944 dazu heißt.

Den Anfang 1945 in den Oder-Warthe-Bogen verlegten Truppen fehlte es an Erfahrungen im Umgang mit der festungsspezifischen Bewaffnung, Ausrüstung und es mangelte ihnen an Kenntnissen über das umliegende Gelände. Die Besatzungsstärke reichte nicht aus, die mit Maschinengewehren bestückten Panzertürme und -scharten zu besetzen.
So waren die Festungsanlagen im Oder-Warthe-Bogen unvollkommen mit Besatzung und Material ausgerüstet als am 14. Januar 1945 die 1. Belorussische Front der Roten Armee aus ihrem Bereitstellungsraum südwestlich von Warschau zum Angriff überging. Eberhard Bernd schreibt in einem unveröffentlichten Aufsatz über die Kämpfe im Oder-Warthe-Bogen, Löbau 1998 dazu folgendes: „In der Nacht vom 20. zum 21. Januar 1945 wurde durch den Wehrkreis III (Brandenburg) das Stichwort „Gneisenau" ausgelöst. Zwei Ersatzdivisionsstäbe hatten daraufhin mit Heimattruppen aus dem Regierungsbezirk Potsdam die Division 463 und aus dem Regierungsbezirk Frankfurt/Oder die Division 433

Das Panzerwerk 727 mit Eingangsverteidigung und Sechsschartenturm. Aufnahme vom Spätsommer 1998.

aufzustellen. Gleichzeitig wurden über 30 Volkssturmbataillone aufgerufen. Dabei sollte der Volkssturm die Panzerwerke und die Ersatztruppen die Feldbefestigungen besetzen. Einen Einblick in den Zustand des Festungskampffeldes geben die bekannten Fakten über das zwei Kilometer ostwärts von Starpel gelegene Panzerwerk 712. Am 22. Januar begann die Ausbildung der 90 Mann starken Volkssturmkompanie des Kreises Sternberg. Stammpersonal waren 17 Wehrmachtsangehörige. Als Bunkerkommandant fungierte ein Oberfeldwebel.
Die Entlüftung und Heizanlage waren außer Betrieb. Das machte den Bunker zum Eiskeller. Im Küchenraum befand sich ein elektrischer Herd, aber keinerlei Koch- und Haushaltsgerät. Der Sanitäts- und Vorratsraum für Lebensmittel war leer. Die Verpflegung wurde bis zu Beginn der Kämpfe aus der Verpflegungsstelle der Schule in Burschen mit Pferdewagen geliefert. Am 28. Januar wurden Dauerbrote eingelagert. Bei Ausgabe von einem Brot für zwei Mann pro Tag reichten sie sechs Tage. Im Pumpenraum waren eine Handpumpe für Brauchwasser und eine elektrische für Trinkwasser vorhanden. Der Strom, der häufig wegen Überlastung und mit Beginn der Kämpfe ganz ausfiel, wurde von einer Überlandleitung geliefert. Für die zwei Notstromaggregate hatte man irrtümlich 600 Liter Dieselöl statt Benzin geliefert. Die Telefonanlage zum Abschnittsbunker 715 funktionierte nur bei Strom. Eine Funkanlage blieb unausgepackt in Kisten. Statt Uniformen wurden weiße Armbinden mit dem Aufdruck „Volkssturm" geliefert."
Am 25.1 trat die schwer angeschlagene deutsche 9. Armee, die sich zu diesem Zeitpunkt auf dem Rückzug vor Schukow's Divisionen befand unter den Befehl der neugebildeten Heeresgruppe Weichsel, die den Raum zwischen Golgau und Schneidemühl zu decken hatte. Die Stimmung unter den deutschen Soldaten und Volkssturmleuten war durch den tagelangen Zug von Versprengten und Flüchtlingstrecks schlecht. Durch den Frost der letzten Tage waren die Deckungslöcher und Gräben verweht. Die Verschlüsse der Regulierungsanlagen waren eingefroren, so schlugen die Überflutungsmaßnahmen nicht an. Gegen Mittag des 29. Januar wurde für die Besatzung des Festungskampffeldes Alarm ausgelöst. Das hatte doppelten Wachdienst und Dauerbesetzung der Waffen zur Folge. Mit der Alarmstufe A gegen Abend mußten die vorbereiteten Panzersperren geschlossen werden, die teilweise nicht gesichert werden konnten. Die Festungsfront auf der Straße von Kalau nach Hochwalde konnte am 29. Januar ohne nennenswerten Widerstand von den sowjetischen Truppen der 44. Gardepanzerbrigade durchbrochen werden. Ohne wesentliche Verluste (nur der Kommandeur des 3. Panzerbataillons war durch ein Panzerfaustgeschoß getötet worden) erreichte die Brigade den Truppenübungsplatz Wabdern und ging dort im Raum Maslow zur Rundumverteidigung über. Bernd beschreibt die Kampfhandlungen im weiteren wie folgt: „Die 45. Gardepanzerbrigade versuchte weiter nördlich bei Nipter (Nietoerek) durchzubrechen, hatte aber keinen Erfolg. Als sie zwei Stunden später auf der gleichen Straße wie die 44. Brigade folgen wollte, schlug ihr Panzerabwehrfeuer entgegen. Ähnlich erging es den beiden anderen Brigaden des 11. Gardepanzerkorps bei Kainst (Keszyca). In dieser für seine Armee dramatischen Gefechtssituation befahl Katukow die Aufstellung einer Armeeaufklärungsabteilung aus einem Panzer- und Kradschützenregiment, um Lücken für den Durchbruch zu finden. Am frühen Morgen des 30. Januar trat das 4. (Gardeschützenkorps der Armee Tschuikows in

Gesprengtes Bauwerk 656.

Kleinstglocken dienten zur unmittelbaren Beobachtung des Geländes rings um das Festungswerk. Hier sind Arbeiter beim betonieren des Bauwerkes 668 bei Möstchen (Mostiki). Das Bauwerk 668 gehört zur Werkgruppe "Lietzmann".

die Kämpfe nördlich von Althöfchen (Stary Dworek) ein. Nach kurzer Artillerievorbereitung im direkten Richten auf die Scharten der Panzertürme gelang es der 35. Gardeschützendivision, einen Brückenkopf über die Obra einzunehmen und in den Rücken der Bunkerlinie vorzustoßen. Hart wurde um die Werkgruppe Ludendorff gerungen. Gegen 9 Uhr näherten sich aus Richtung Kalau Panzer dem Bunker 712. Insgesamt fuhren 14 Panzer an den Panzergraben heran und standen somit 150 m vom Panzerwerk entfernt. Nach drei geschossenen Salven gingen sie zu laufendem Feuer über. Ein Maschinengewehr-Turm und ein Minenwerfer fielen teilweise aus. Ein Mann wurde leicht verwundet. Nach über einer Stunde brach das Feuer ab. Die Panzerbesatzungen verließen die Gefechtsfahrzeuge, um die Wirkung des Feuers zu begutachten. Die beiden Maschinengewehre des einsatzbereiten Panzerturms schossen Dauerfeuer. 7 Rotarmisten wurden getötet. Danach setzen die russischen Panzer den Beschuß fort, bis sie sich verschossen hatten. Erst gegen 15 Uhr zogen sie sich zurück. Kein Geschoß war durchgeschlagen. Das Panzerwerk 712 blieb kampffähig..." Zu weiteren Kampfhandlungen kam es nördlich Teil der Festungsfront) aber den deutschen Truppen fehlte es am Zusammenwirken. Die Truppen waren mit dem Festungskampffeld nicht vertraut und die Bunkerbesatzungen konnten wegen der schlechten Sicht an diesem Tag nicht wirksam werden. „Die Kampfgruppe Langkeit erreichte das Festungskampffeld nicht mehr. Sie stand am 30.01. kurz vor Sternberg. (Torzym). Einen Tag später gelang es ihr noch, den eingeschlossenen Stab des V. SS-Gebirgskorps im Gut Kemnath freizukämpfen. Dann mußte der Rückzug nach Frankfurt/Oder angetreten werden. Bei einer Frontfahrt ließ der Kampfgruppen- und SS-Brigadeführer Bailauf im Gebiet von Zielenzig (Sulecin), von sowjetischen Panzern überrascht, die Festungsplane im Wagen zurück. So drangen bereits am nächsten Tag sowjetische Pioniere in das Hohlgangsystem ein. Am 1. Februar schlugen die ersten Panzergranaten an der Bunkerlinie ein, die die Straße Schwerin/Warthe-Küstrin deckte und vom Volkssturmbataillon Landsberg/Warthe verteidigt wurde... Inzwischen hatten auch die Hauptkräfte der 1. Gardepanzerarmee durch Lücken, die durch die verlassenen Bunker entstanden waren, das Festungskampffeld durchstoßen. Die sowjetischen Armeen strebten in breiter Front der Oder zu und konnten in den ersten Februartagen mehrere Brückenköpfe bilden und standen somit 60 km vor Berlin."

Zusammenfassend ist festzustellen, daß das Festungskampffeld in weniger als 4 Tagen von den sowjetischen Truppen überwunden wurde. Es kostete die Rote Armee über 2500 Tote, die auf den Soldatenfriedhöfen in Schwerin und Meseritz bestattet wurden. Praktisch waren die schon vor dem Krieg erkannten Mängel, die unzureichende Panzerabwehr und die ungenügende artilleristische Unterstützung, die fehlende Besetzung der Feldbefestigungen und in Verbindung damit in einer ergänzenden Bewaffnung zu den Festungswaffen für diese Truppen, der Grund für das Scheitern der Festungsfront Oder-Warthe-Bogen..

Nach dem Krieg wurden die Anlagen teilweise gesprengt und zerstört. Sowjetische Truppen waren bis Anfang der fünfziger Jahre in dieser Gegend stationiert. Heute sind Teile der Festungsfront der Öffentlichkeit zugänglich. Ein kleines Museum vermittelt die bewegte Geschichte der Festungslinie.

Bau der Wehranlage bei Skampe (Skape). Mit der Verlagerung des Schwerpunktes zugunsten des Ausbaus der Westgrenze 1938 wurden viele Anlagen im Oder-Warthe-Bogen nicht mehr realisiert. Der Ausbau blieb weit hinter den Forderungen zurück.

Ausbaustufe	Betonsicherheit	Panzerstärke
A	350 mm	600 mm
A 1	250 mm	350 mm
B	150 mm	250 mm
B 1	100 mm	120 mm
C	080 mm	060 mm
D	030 mm	020 mm

Untergeschoß eines im Entstehen befindlichen Unterstandes für ein Maschinengewehr und eine Panzerabwehrkanone.

Oben und unten:
Zu den zuerst gebauten Verteidigungsanlagen gehörten Wasserhindernisse und Maschinengewehr-Schartenstände mit Unterstellräumen für Panzerabwehrgeschütze. Sie dienten der Verteidigung der passiven Hindernisse.

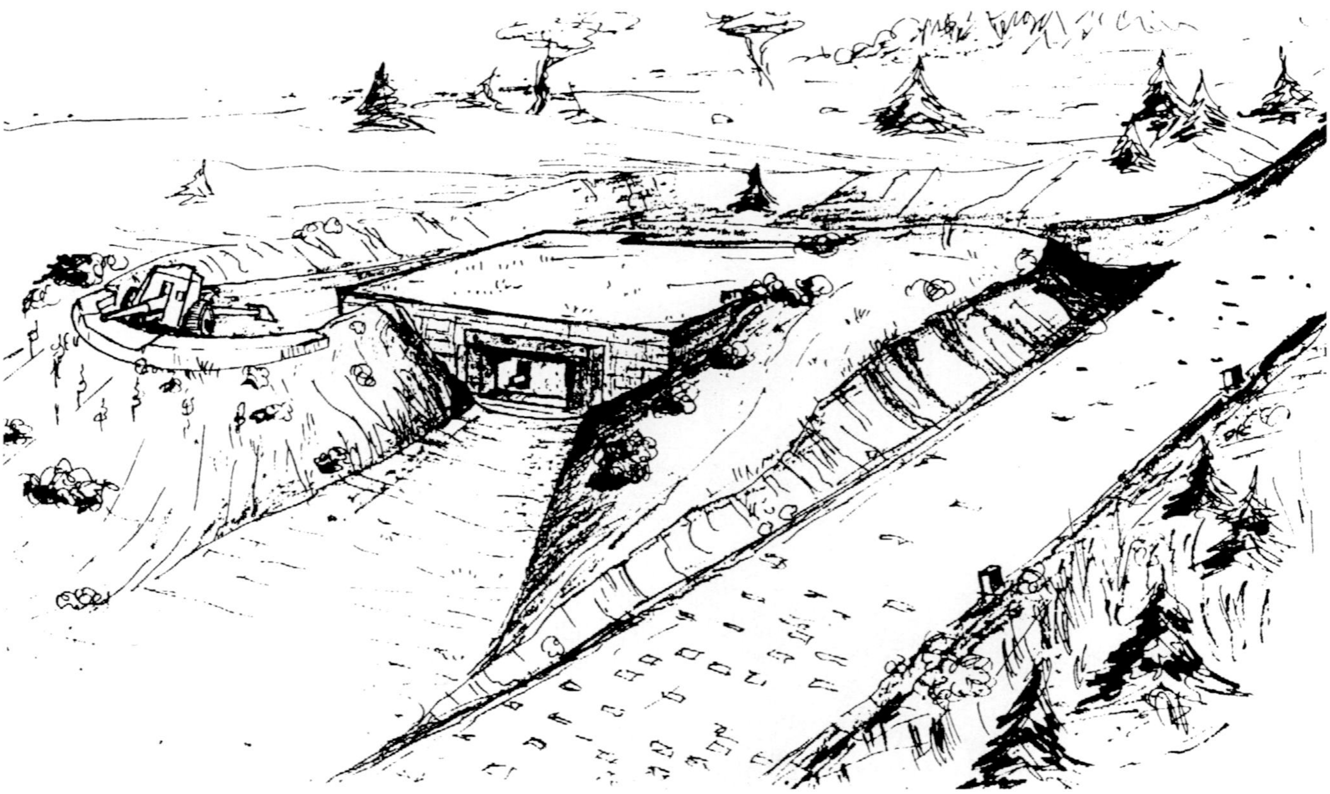

Aufgabe von Maschinengewehr-Schartenständen war es Straßen und Brücken zu verteidigen. Sie wurden als Kasematten oder Unterstände gebaut. Im Bild ein Unterstand und dahinter die zu verteidigende Straße. Aufnahme aus dem Jahr 1998.

Unten: Beachte den Schutzwall aus Beton für die Panzerabwehrkanone.

Weit im Norden des Oder-Warthe-Bogens enstand zwischen 1935 und 1936 auf dem Fuxsberg als eine der ersten die Werksgruppe "Ludendorff". Deren einzelne Bauwerke waren mit untereinander durch unterirdische Hohlgänge verbunden. Sie dienten als Transport- und Fußgängerwege zwischen den einzelnen Kampfanlagen. Im Bild das Bauwerk 865. Zur Werkgruppe gehören noch die Bauwerke 863, 864, 866, 867 und 868.

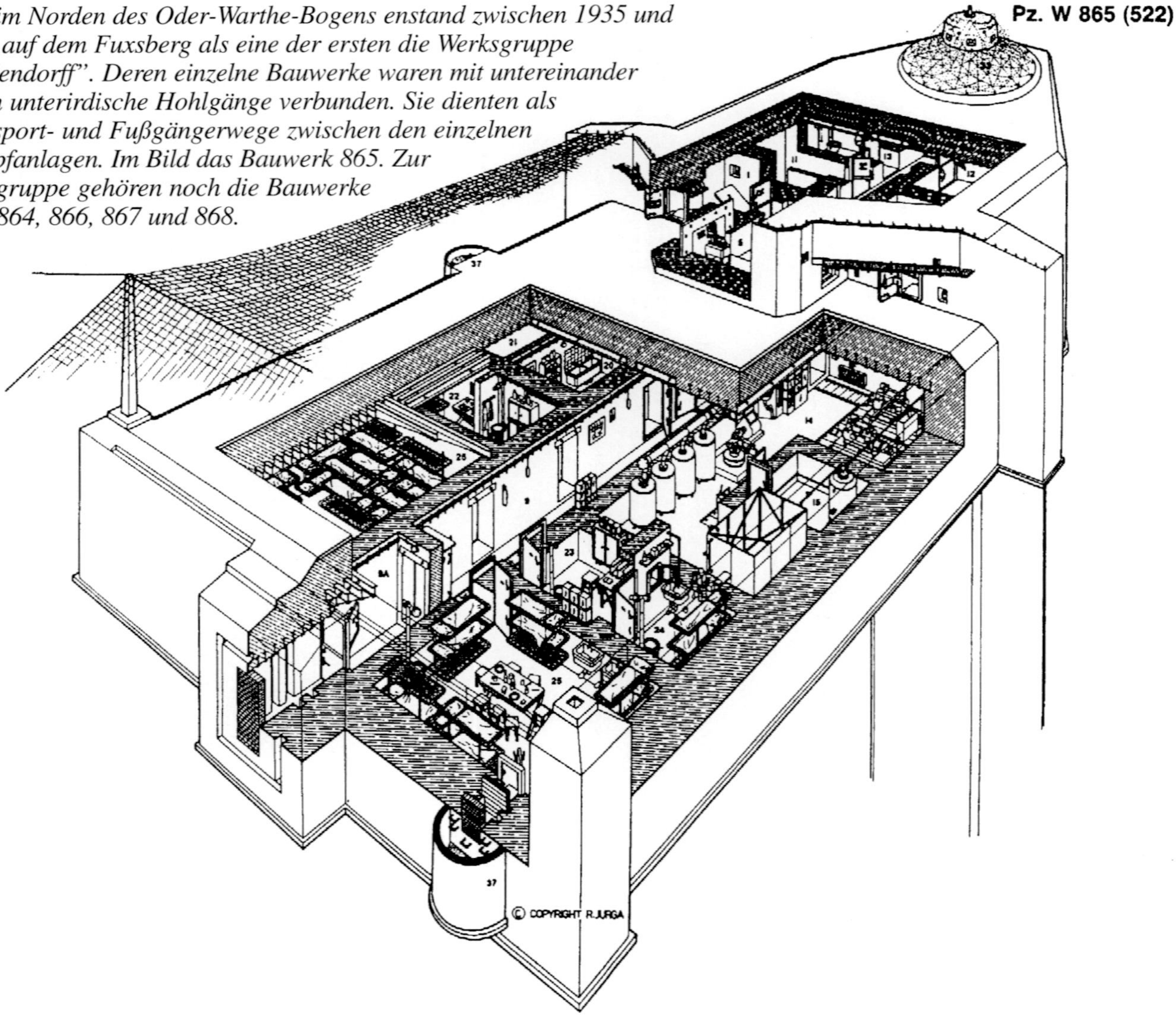

Unten: Zerstörtes Bauwerk 865

Während der Kampfhandlungen im Frühjahr 1945 gesprengter 3 Schartenturm 2 P7 des Bauwerkes 865.

Die Werkgruppe "Ludendorff" liegt an der Schnittstelle wichtiger Verkehrswege. Alle Bauwerke sind in der Ausbaustufe B 1 errichtet worden. "Ludendorff" wurde total zerstört.

Die Werkgruppe "Ludendorff" zählte vor dem Krieg zu den vorzeige Objekten des deutschen Festungsbaus. Hier wurden Militärattachès, die Presse und der Film geführt. Sie sollten die angebliche Unüberwindbarkeit der Befestigungen im Oder-Warthe-Bogen sehen und propagieren.

Während des Kriegsverlaufes im Osten 1944 wurden die einzelnen Bauwerke mit Ringständen Typ 58c verstärkt. Zu ihrer Bewaffnung gehörten Maschinengewehre und leichte oder schwere Waffen.

Oben und unten: Die Werkgruppe "Scharnhorst", Aufnahme vom Herbst 1998.
20P7 = Panzerturm mit 6 Scharten (Maschinengewehr) (B),
7P7 = Stahl-Schartenplatte (Maschinengewehr) (B1),
438P01 = Panzerturm für Infanteriebeobachtung,
420P9 = Stahlring für Flammenwerfer Gerät für Einbau B,
424P01 = Panzerturm für Maschinengranatwerfer mit Sockelring (B).

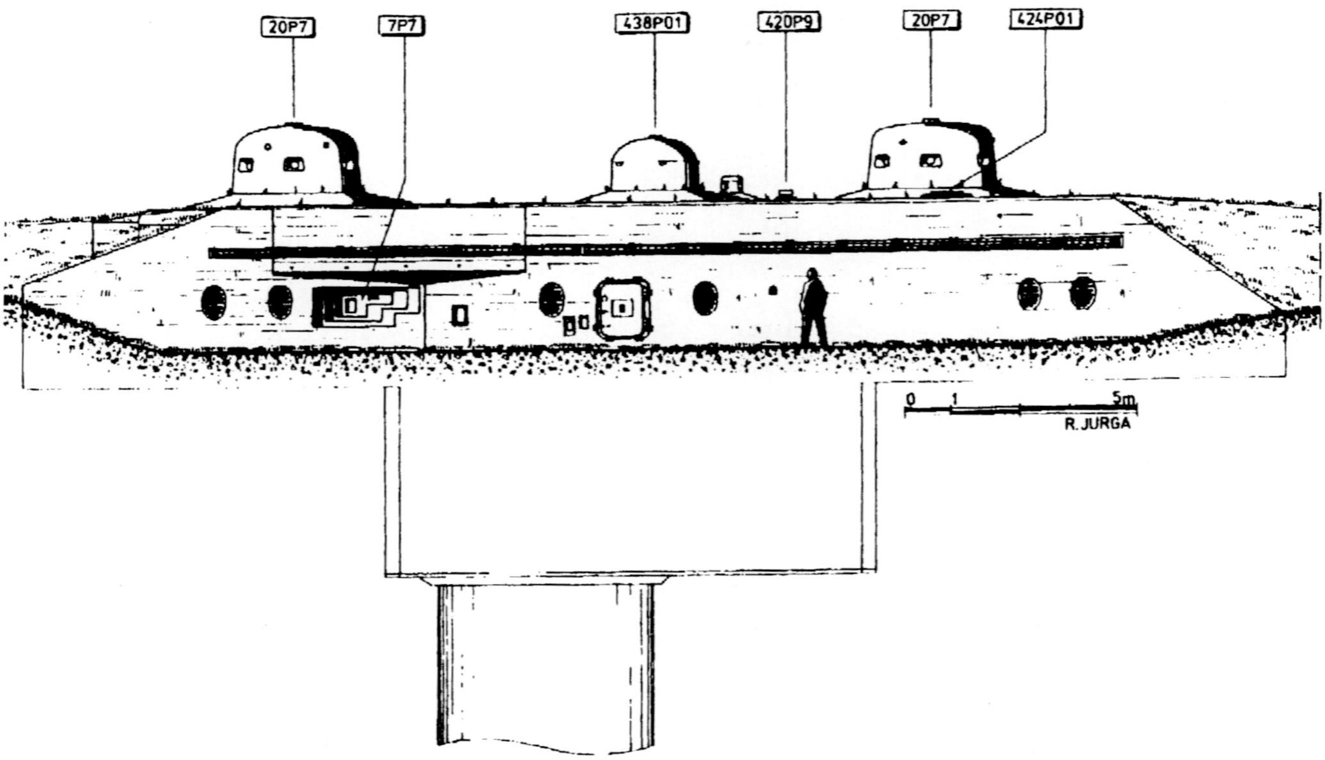

Pz.W 716a

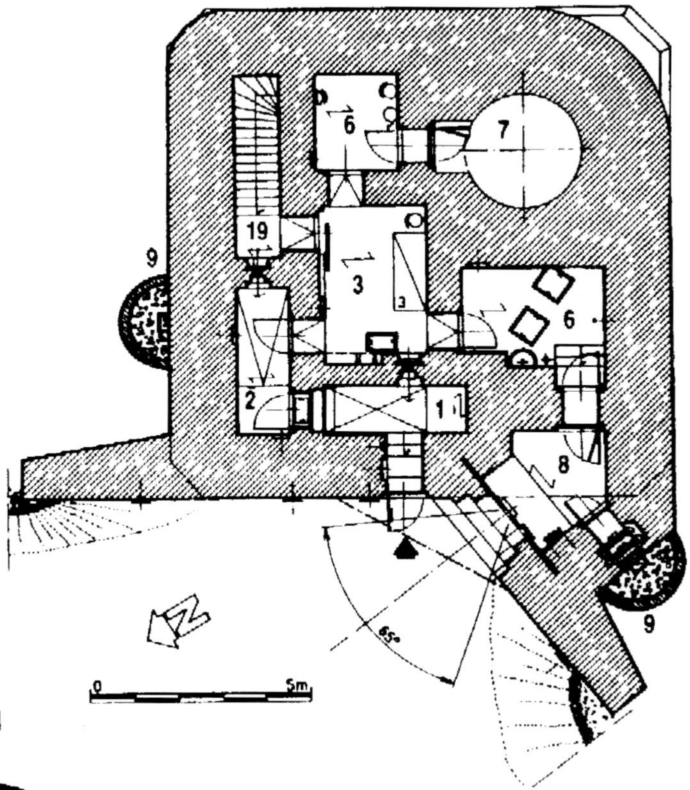

Obergeschoß
Grundriß

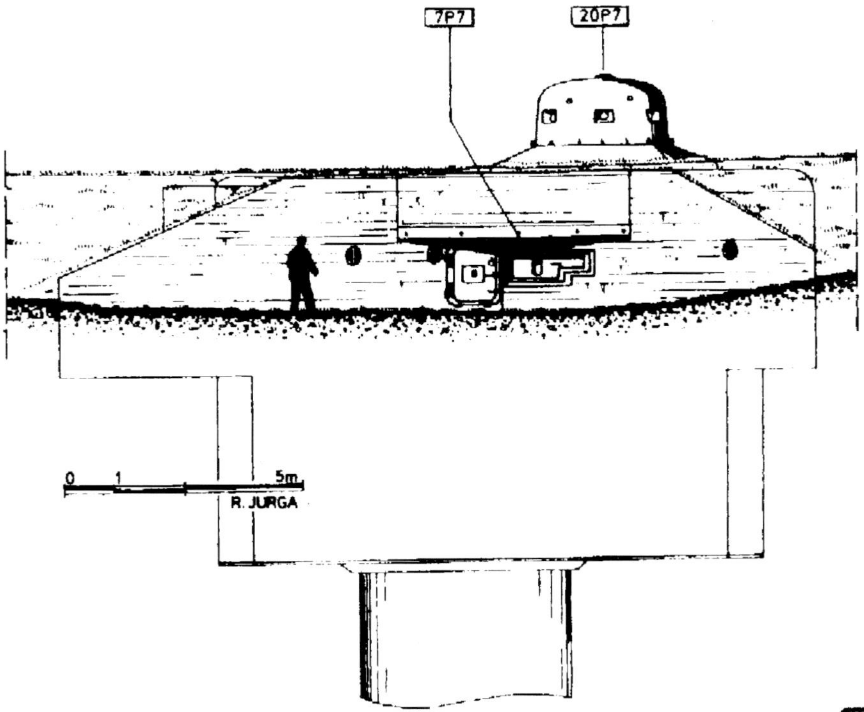

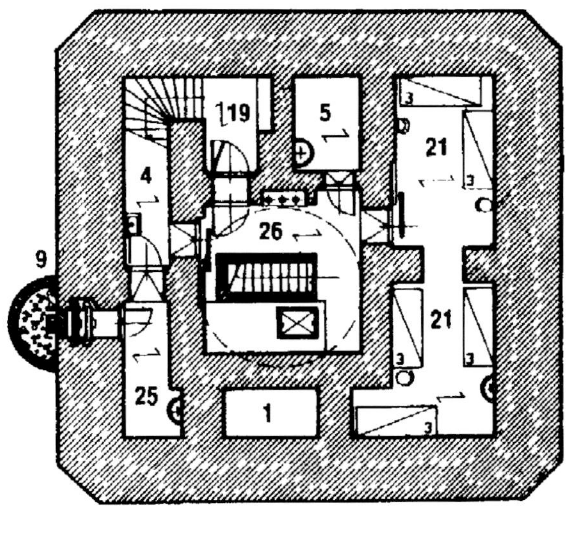

Untergeschoß
Grundriß

Die einzelnen Bauwerke besaßen unterirdische Kasernen, technische Anlagen und Maganzinräume, die durch das Hohlgangsystem verbunden waren.

Unten:
Ende 1944 errichteter Ringstand am Panzerwerk 717. Dazu heißt es in der Vorschrift vom 1.6.1944: Ein Ringstand (Bauform 58c und d) besteht aus dem Kampfraum mit nach oben verengtem Kragen, der bodengleich abschneidet und einem Unterschlupf für Bedienung, Ausrüstung und Munition.

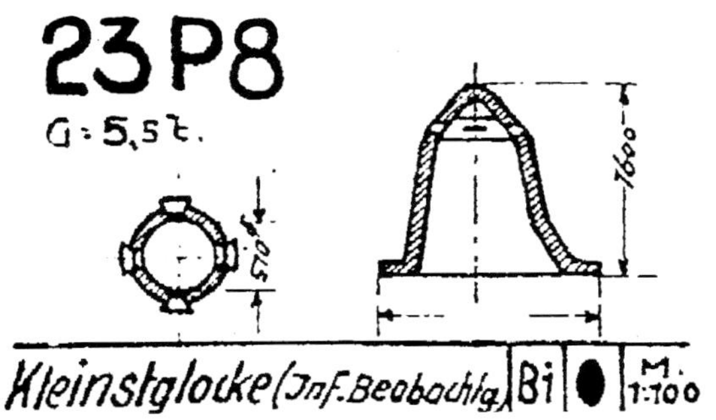

Kleinstglocken dienten zur Beobachtung des Geländes. Die Zeichnungen wurden dem Panzeratlas entnommen.

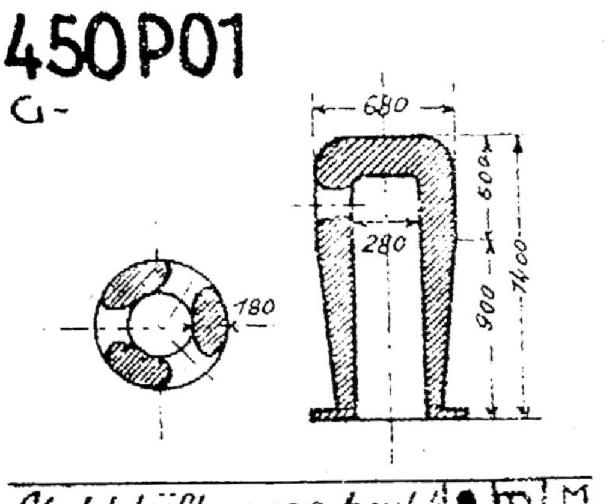

Lüftungskuppeln sorgten für den Luftaustausch in den unterirdischen Kasernen. Dazu dienten Anlagen zur Frischluftansaugung und Rohrleitungen, über die die Frischluft in die Räume transportiert wurde.

Große Bauwerke erhielten Panzertürme für Infanterie- oder Artilleriebeobachter. Die Öffnung auf der Kuppel diente der Aufnahme des Periskopes.

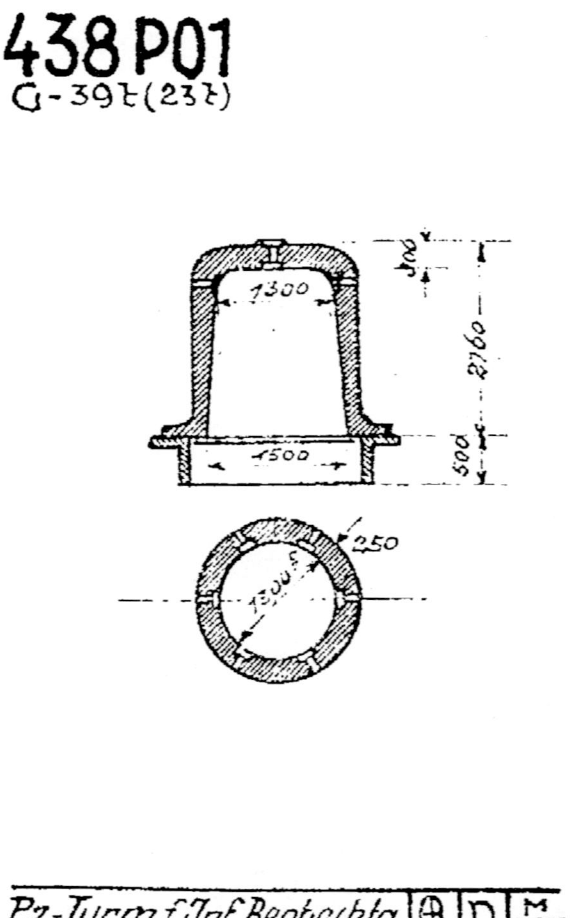

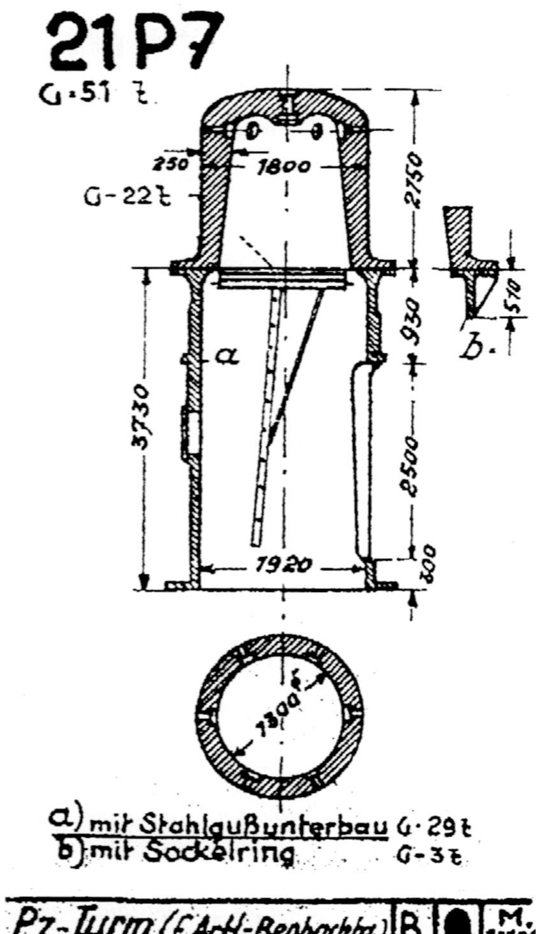

Beim Bauwerk 724 befindet sich heute ein Aussichtsturm. Gut erkennt man aus luftiger Höhe (Bild unten) die Hügelkette mit den Bauwerken und die sich wie eine Schlange durch die Landschaft windende Höckerlinie.

Die Namen herausragender Persönlichkeiten des Befreiungskrieges 1813 dienten zur Bezeichnung der einzelnen Werkgruppen. Im Zentralabschnitt gab es noch die Werkgruppen: "Gneisenau" mit den Bauwerken 719 und 720, "York" mit den Bauwerken 721 bis 726. Das Bauwerk 720 erhielt im Zweiten Weltkrieg zur Feindseite hin eine Betonverkleidung, die die Türme vor dem gegnerischen Panzerabwehrkanonen-Feuer schützen sollten.

Zwei Sechsschartentürme. Aufnahme vom Herbst 1998

Reste des gesprengten Bauwerkes 727. Nach dem Krieg wurden Panzerteile aus der Festungsfront durch die polnische Armee zur Verschrottung aufbereitet. Dazu wurden die Bauwerke gesprengt und die Eisenteile entfernt.

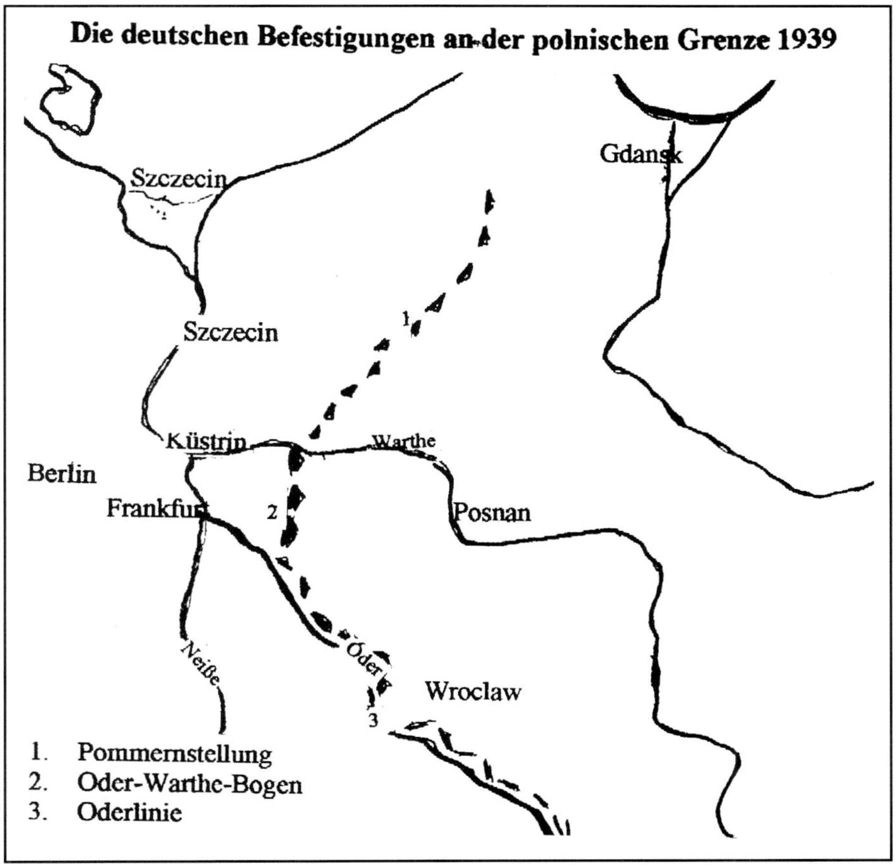

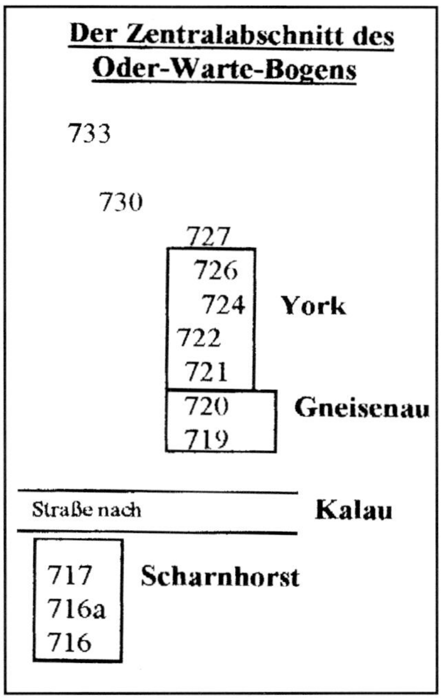

Die Werkgruppen und Einzelwerke des Zentralabschnittes waren durch ein unterirdisches Hohlgangsystem von 32,5 Kilometern Länge miteinander verbunden. Es bestand aus einem Zugangs-, dem Hauptverkehrshohlgang für eine Schmalspurbahn mit 22 Bahnhöfen und den Verbindungshohlgängen. Der Verkehr zu den Verteidigungsanlagen wurde durch Treppen aus Stahl, Beton und mittels Fahrstühlen gewährleistet. Heute leben in dem unterirdischen System, bedingt durch das günstige Klima eine große Anzahl Fledermäuse verschiedener Gattungen. Aus diesem Grund wurde 1980 ein Teil der Festungsanlage zum Naturschutzgebiet erklärt.

Das Schienennetz der Schmalspurbahn im Hohlgangsystem diente der Versorgung, Entsorgung sowie der Sicherung der Nachschubförderung. Das Bahnnetz war eingleisig ausgelegt. Die Bahnhöfe konnten Züge bis zu 250 Meter Länge aufnehmen.

Unten: Maschinengewehr-Scharte zur Aufnahme eines Maschinengewehrs. Sie diente zur Abwehr möglicher Gegner die in das Hohlgangsystem eingedrungen waren.

Versorgungsraum der unterirdischen Anlage. Im Inneren der Bauwerke findet man noch Reste des Filter- und Lüftungssystems. Das Bild unten zeigt einen Betonkamin zur Belüftung der unterirdischen Anlagen.

Raum des unterirdischen Versorgungssytems. In den letzten Jahren waren die Bauwerke häufig ein Ziel von Aussteigern und Abenteurern. Die Aufnahme unten zeigt die von ihnen bemalten Bunkerwände.

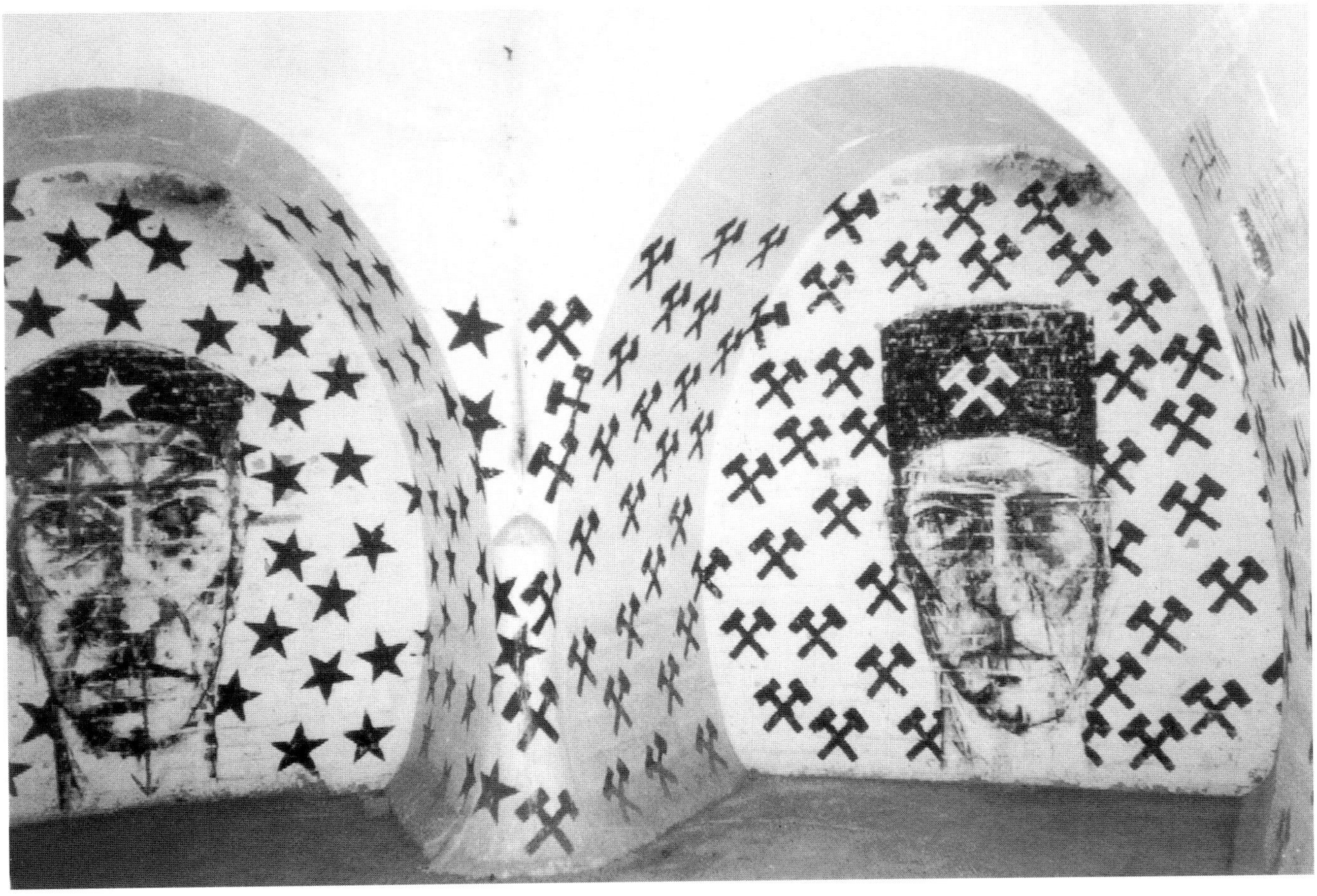

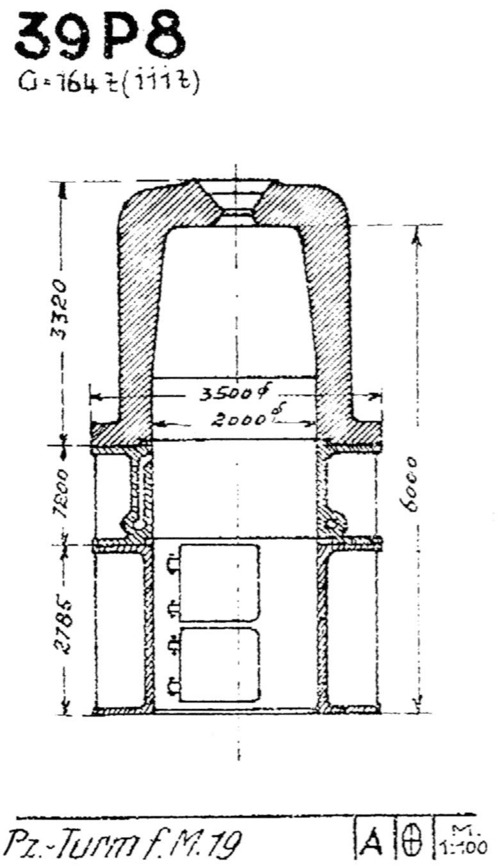

Links:
Zur Darstellung der Bewaffnung von Festungsanlagen im Oder-Warthe-Bogen soll beispielhaft das Bauwerk 717 genannt werden. Es war mit vier Maschinengewehren 34 in zwei Panzerkuppeln 20P7, einem Maschinengranatwerfer M19 in der Kuppel 424P01, einen Festungsflammenwerfer (FN-Gerät) und einem Maschinengewehr 34 oder 08/15 für die Flankierung bewaffnet.

Der Maschinengranatwerfer diente wegen seiner gekrümmten Flugbahn, seiner Treffergenauigkeit und der großen Splitterwirkung zur Bekämpfung von Zielen hinter Deckungen. Seine Verwendung erfolgte in Verbindung mit einem oder mehreren Maschinengewehren.

Links: Überreste von Teilen der Unterlafette des Maschinengranatwerfers im Panzerwerk 717.

20P7

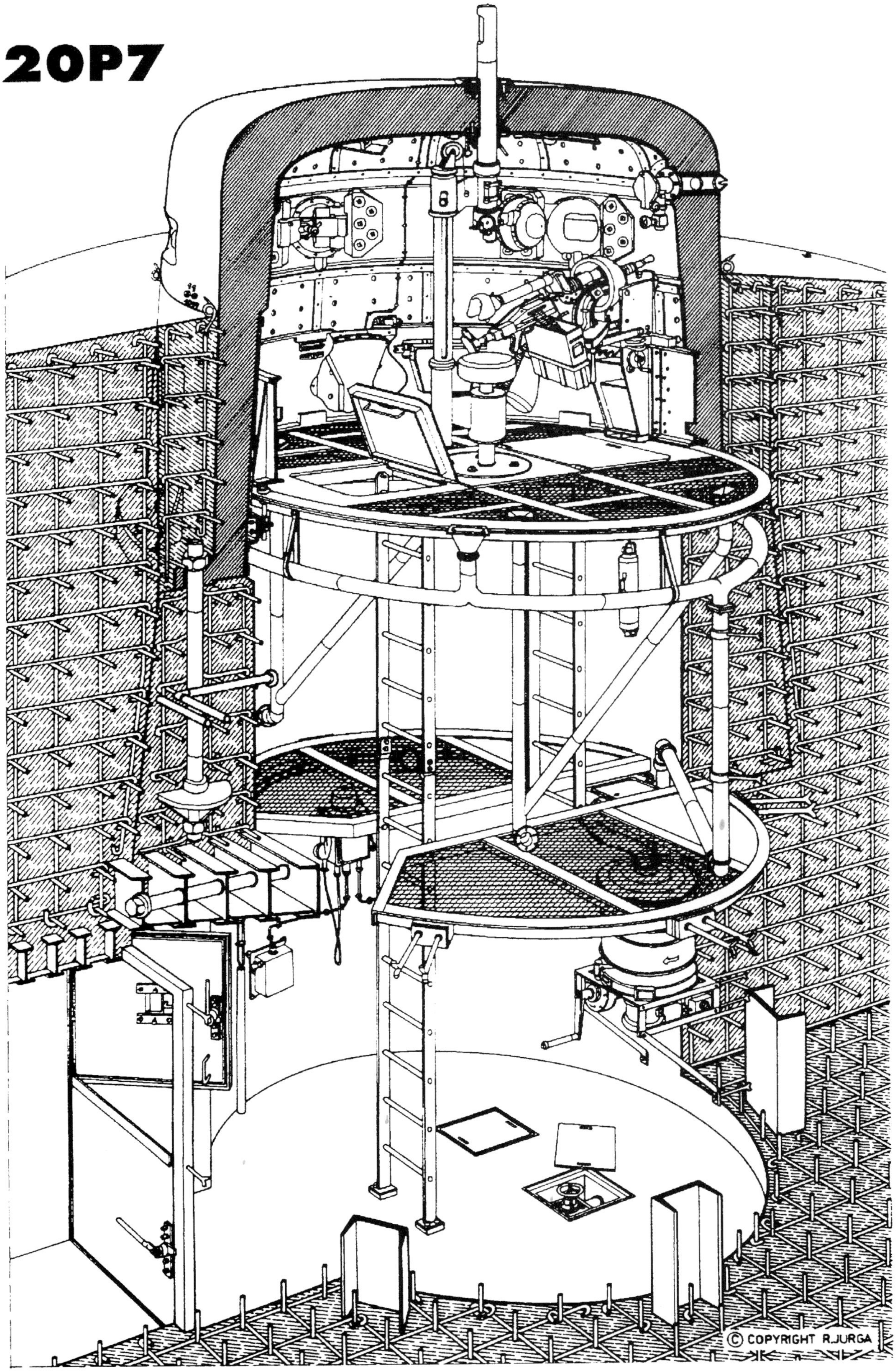

Eingangsbauwerke dienten zu einer gesicherten Versorgung der Kampfanlagen. Sie waren eine Schwachstelle im Hohlgangsystem. Im Bild oben im Nordosten von Hochwalde (Wysoka). Unten: Reste einer 1943 errichteten Fabrikhalle.

Zerstörtes Panzerwerk der Werkgruppe "Scharnhorst"

Unten:
Diese aus Beton hergestellten Schartentürme befinden sich rechts der Straße von Kalau (Kalawa) nach Hochwalde (Wysoka). Sie dienten der Täuschung des Gegners.

Das zerstörte Bauwerk 780 bei Starpel. Aufnahme vom Herbst 1998.

Das Bauwerk 598 im südlichen Abschnitt des Oder-Warthe-Bogens. Gut sichtbar der Dreischartenturm alter Art vom Typ 2P7, in der Panzerstärke B aus dem Jahr 1936. Die Panzerteile sind noch gut erhalten.

Rückseite des Bauwerkes mit Eingang und Eingangsverteidigung. Hier wurden in den 80iger Jahren noch die sterblichen Überreste von einer größeren Anzahl von Volkssturmleuten gefunden.

Schleußenhaus der Stauanlage 617.

Unten: Die Stauanlage 617 befindet sich in der Nähe des Bauwerkes 598. Die Aufnahme zeigt den heutigen Zustand.

Im Oder-Warthe-Raum gab es zwei große Konzentrierungsräume für Truppen: Erstens das Regenwurm-Lager bei Kainscht (Keszyca) und zweitens (siehe rechts) das Tibor-Lager im Südabschnitt. Aufnahme vom Sommer 1998.

Soldaten der 1. Garde-Panzerarmee untersuchen die Wirkung ihrer Beschießung aus panzerbrechenden Waffen an einem Sechsschartenturm. Aufnahme vom Frühjahr 1945.

Rechts: Soldaten der Roten Armee nach der Einnahme des Zentralabschnittes bei Hochwalde (Wysoka).

Sowjetische Soldaten führten nach der Einnahme der Festungsanlagen im Frühjahr 1945 im Zentralabschnitt des Oder-Warthe-Bogens Versuchsschießen auf einzelne Bauwerke durch.

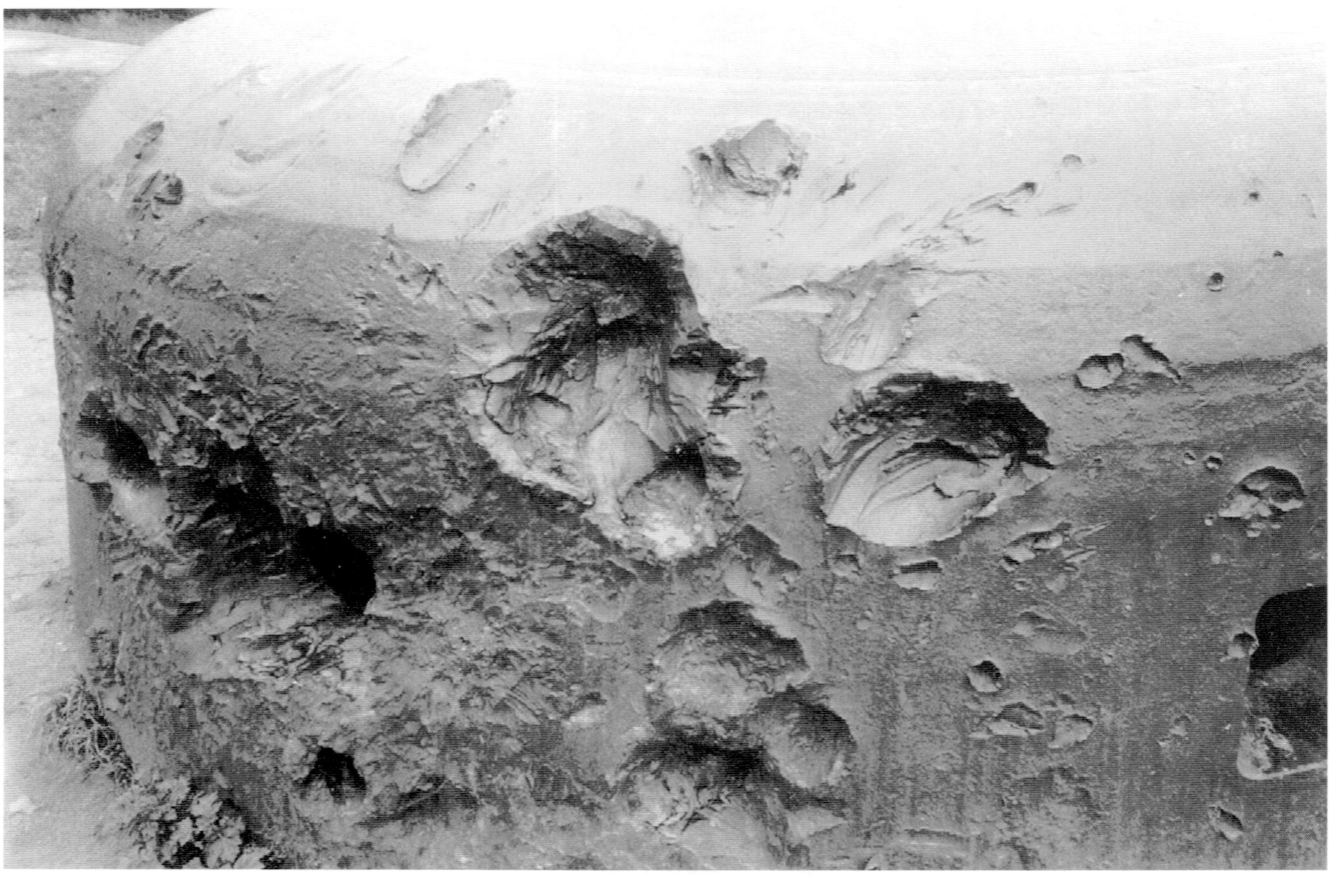

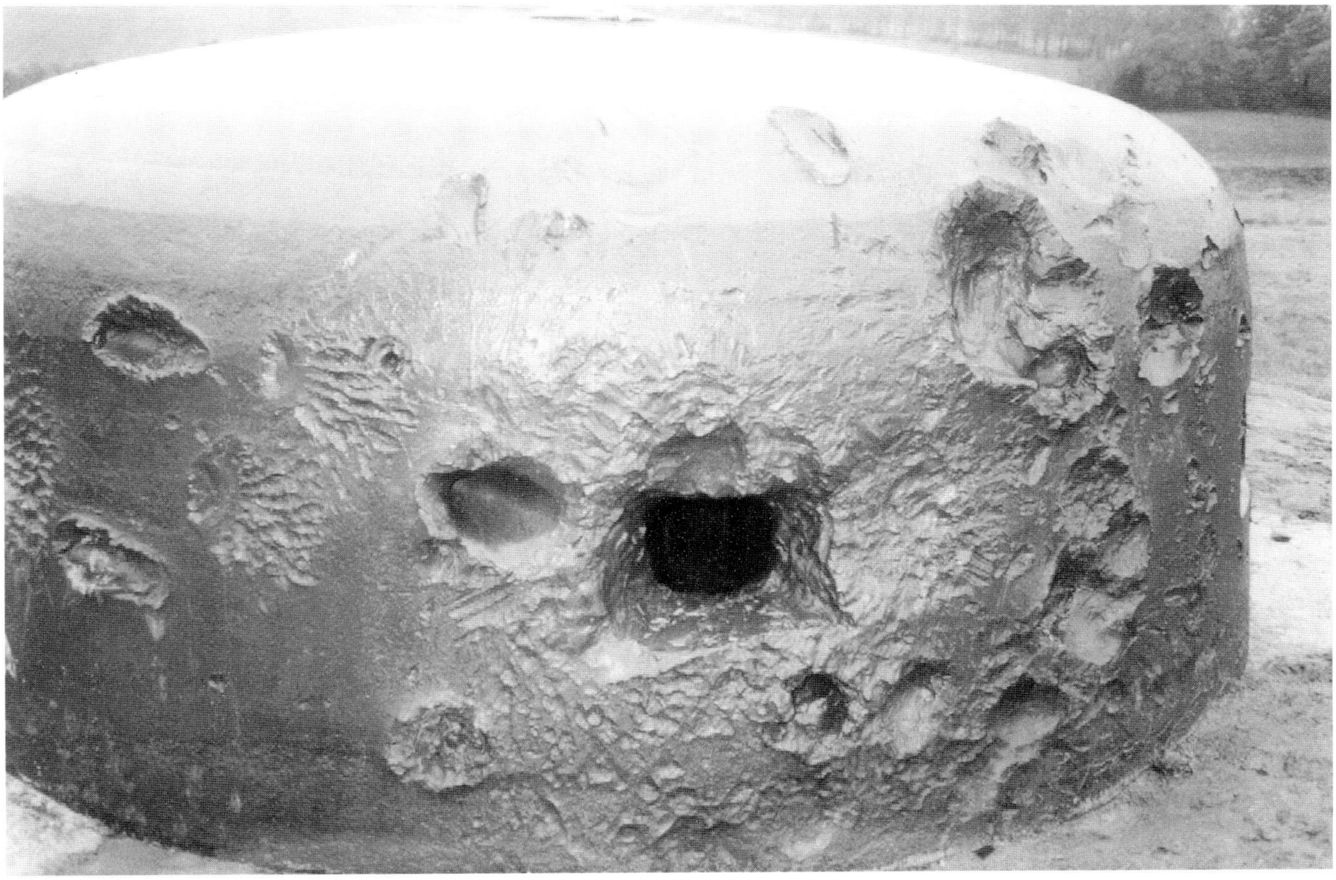

Die Festungsanlagen im Oder-Warthe-Bogen spielen heute eine wichtige Rolle im Fremdenverkehr. Am Bauwerk 717 befindet sich ein kleines Museum, wo unter anderem Waffen aus den Kämpfen von 1945 besichtigt werden können. Sachkundige Fremdenführer bieten Exkursionen durch verschiedene Bauwerke an. Aufnahmen vom heutigen Zustand der Bauwerke aus dem Oder-Warthe-Bogen.

Das Bauwerk 602 (Wasserschloß) ist mit einer Kipprollbrücke versehen und war mit einer Holzverkleidung als Schuppen getarnt. Die Wasserverbindung ist der Abfluß des großen Nischlitz-Sees.

Sechsscharten-Panzerturm 20 P 7.

Höckerhindernisse in Stahlbeton vor dem Festungswerk 717.

Abzweigung im Hohlgangsystem des Oder-Warthe-Bogens.

Treppen im Inneren des Hohlgangssystems des Oder-Warthe-Bogens.

Sonja Wetzig

WESTWALL, ATLANTIKWALL u. a.

Die Nahverteidigungswaffen

LITERATUR

H.Dv. G 21 Armierung Entwurf
H.Dv. 89 Die ständige Front
H.Dv. 220/4 Ausbildungsvorschrift für Pioniere
H.Dv. 317 Festungs-Pionierdienstordnung
D 582 Später D 1531 Panzertürme für Artilleriebeobachtung
D 1110 Gasschutz in Befestigungsanlagen 1939
D 1561 5-cm-Paynzerkasematte 56 P 8 1942
D 1575/6 Panzerdrehturm für eine m 10-cm-KT und MG 34 Berlin 1942
D 1579/1 Panzerdrehturm für eine 5-cm-Pak (L/70) und MG 34, Berlin 1941
D 1675/1 Maschinengewehr - Schartenlafette 34 Beschreibung... Berlin 1942
Bettinger, Dieter/Martin Büren: Der Westwall: die Geschichte der deutschen Westbefestigungen. Osnabrück1990
Breves, B.: Die Anlagen der Luftverteidigungszone West auf dem Grüneberg Trier 1985
dito
Die Feuerstellungen Kenn auf dem Ackersberg Trier 1985
Hahn, F.: Waffen und Geheimwaffen 1933-1945. Bonn 1992
Molt, A.: Der deutsche Festungsbau von der Memel zum Atlantik. Friedberg 1988
H. Peyer "Betrachtungen über osteuropäische Befestigungsanlagen des 2. Weltkrieges"Zimmermann, H.: Der Atlantikwall. München 1996
IBA-Informationen Hefte: 6, 7, 8, 15, 16, 17, 18, 19, 20

DANKSAGUNG

Die Autorin möchte sich bei Herrn Scheibert und Herrn Fleischer für die freundliche Unterstützung bedanken sowie bei Herrn Thiede für die Fotoarbeiten.

BILDVERZEICHNIS

Fleischer (39), Hoppe (1), Wetzig (48), Jürga (3), Heiss (1)

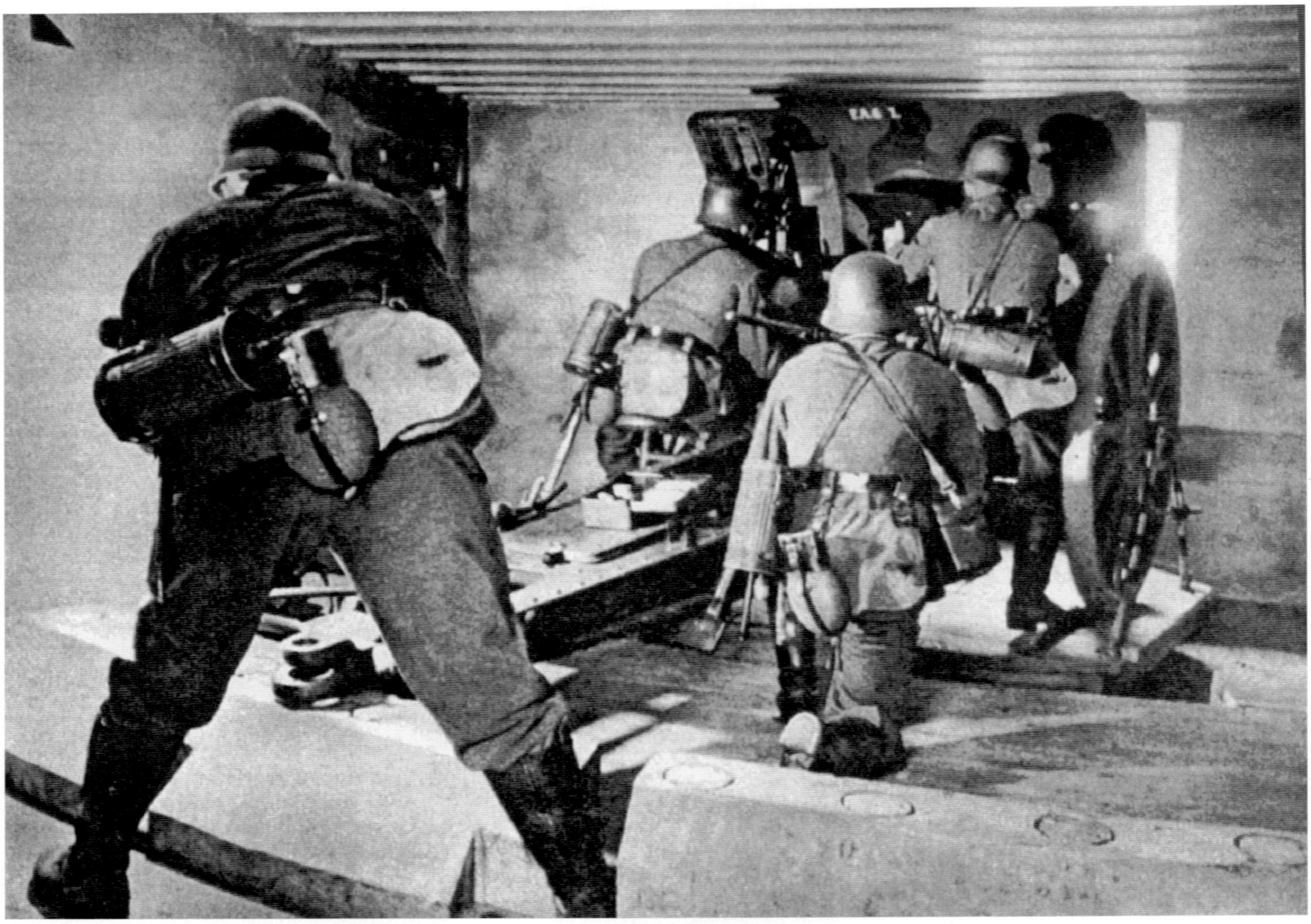

Geschütz der deutschen Feldartillerie in Drehbettung in einem Betonbunker.

VORWORT

Ein Blick auf die Landkarte des Jahres 1919 zeigt Deutschland, nach der Niederlage im Ersten Weltkrieg, mit veränderten Grenzen. Sie waren das Ergebnis des Versailler Friedensvertrages. Infolge dessen war Deutschland verpflichtet, seine Festungen abzurüsten oder zu schleifen. In den Artikeln 42 und 180 heißt es dazu:
"Alle befestigten Anlagen, Festungen und festen Plätze zu Lande, die auf deutschen Gebiete westlich einer Linie, in 50 km Abstand östlich des Rheins liegen, werden abgerüstet und geschleift. Soweit die befestigten Anlagen, Festungen und festen Plätze zu Lande in dem von den alliierten und assoziierten Truppen nicht besetzten Gebieten liegen, sind sie binnen zwei Monaten nach Inkrafttreten des gegenwärtigen Vertrags abzurüsten und binnen einer weiteren Frist von vier Monaten zu schleifen. Soweit sie dem von den alliierten und assoziierten Truppen besetzten Gebiet liegen, setzt die alliierte Oberste Heeresleitung die Frist für die Abrüstung und Schleifung fest. Die Anlage jeder neuen Befestigung, gleichviel welcher Art und Wichtigkeit, ist der im ersten Absatz dieses Artikels bezeichneten Zone verboten".
Mit einer Stärke von 100 000 Mann verfügte Deutschland nach dem Ersten Weltkrieg über ein wesentlich vermindertes militärisches Potential. Die Möglichkeiten Angriffe der Nachbarn, im Westen wie im Osten, abzuwehren oder deren Vormarsch zu verzögern, waren gering. Die Lage im Zentrum Europas und die ungenügende strategische Tiefe Deutschlands veranlaßte die Militärs nach fortifikatorischen Lösungen zu suchen. Ihre Aufgabe sollte die Verstärkung des Widerstandes von Reichswehr und Landwehr sein, um im Kriegsfall Zeit für eine politische Krisenbewältigung zu gewinnen. Deshalb spielten die Festungen in der militärischen Planung der Reichswehr von Anfang an eine gewichtige Rolle, obwohl ihr der Versailler Vertrag kaum Handlungsfreiheit ließ.
Neue Konzepte wurden entwickelt. Dabei mußten die Erfahrungen aus dem Ersten Weltkrieg berücksichtigt werden. So zum Beispiel der Einsatz von neuartigen Waffen, darunter das Maschinengewehr, dem Panzerkampfwagen (Tank) und schwersten Geschützen sowie einer neuen Teilstreitkraft, der Luftwaffe. Festungsbau gehörte in jener Zeit zum Allgemeingut militärischen Denkens. Fast in allen europäischen Ländern konzipierte man Festungslinien zum Zwecke einer nachhaltigen Verteidigung der Territorien.
In den Jahren 1925-1930 begann die Reichswehrführung in Deutschland, im bescheidenen Rahmen, die politischen und militärischen Forderungen auf dem Gebiet des Festungs-

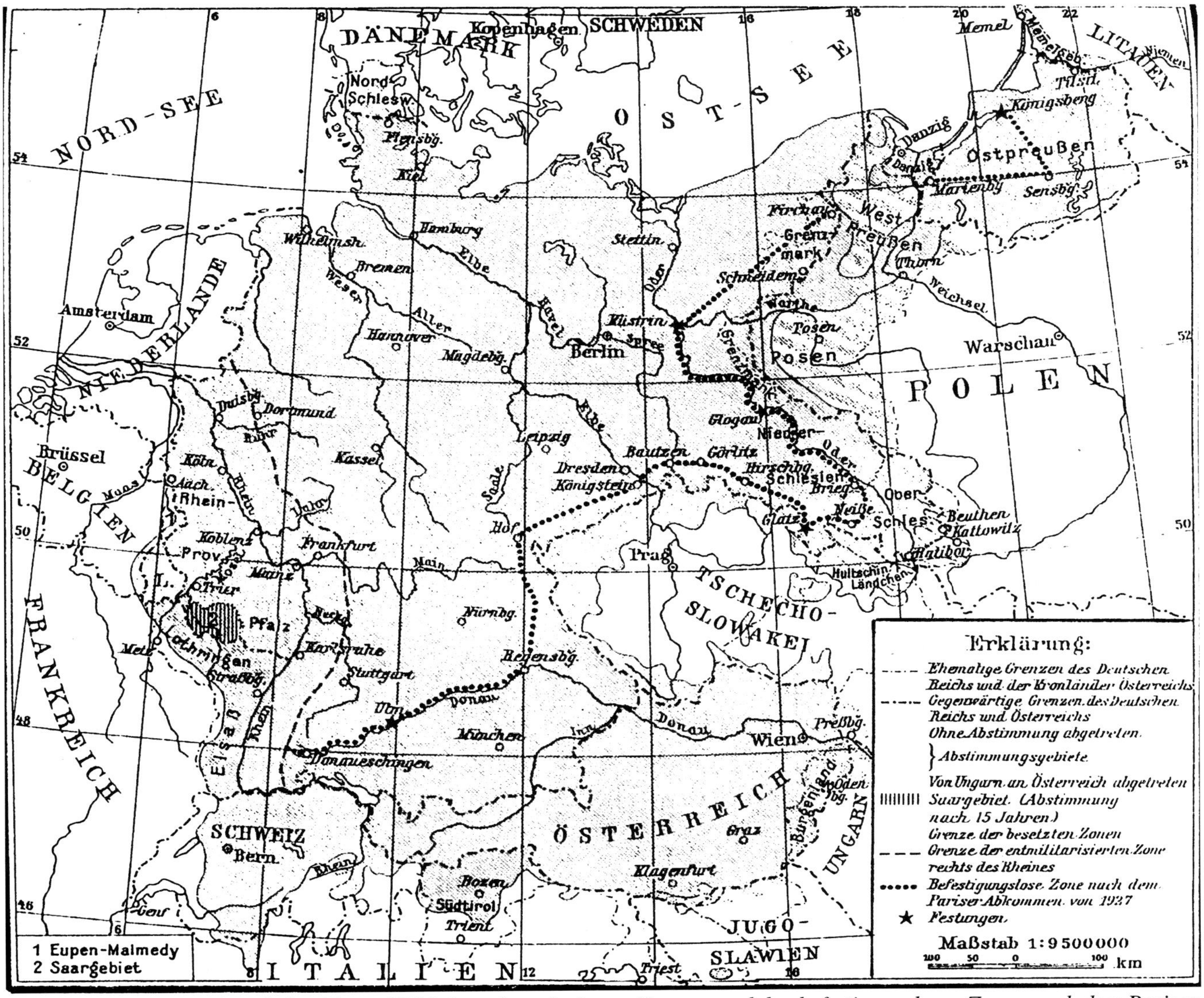

Karte von Deutschland nach dem Ersten Weltkrieg mit veränderten Grenzen und den befestigungslosen Zonen nach dem Pariser Abkommen von 1927.

baus in die Praxis umzusetzen. Zuerst im Osten mit dem Heilsberger Dreieck und der Pommernstellung. Später sollte eine Heilberg-Deime-Frisching-Stellung entstehen, um Königsberg als Festung zu verstärken. 1933 traten die Arbeiten für eine zukünftige Landesbefestigung in ein entscheidendes Stadium. 1934 begannen die Arbeiten am Oder-Warthe-Bogen sowie Erkundungen und Ausbau der Neckar-Enz- und Wetterau-Main-Tauber-Stellung.

Nach dem Einmarsch deutscher Truppen im Rheinland am 7. Mai 1936, gewann die Befestigung der Westgrenzen an Bedeutung. Das Konzept sah eine lineare Befestigung vor. Sich gegenseitige ergänzende Festungsbauten sollten, unter Einbeziehung natürlicher und auch künstlicher Hindernisse, Wirkung erzielen. Ergänzend dazu war auch ein breiter Korridor der Luftverteidigungszone vorgesehen. 1937 begann der stellungsmäßige Ausbau der Westbefe-stigungen. Bis 1939 wurden zirka 14 400 Kampfanlagen und Unterstände fertiggestellt.

Im Folgenden interessieren uns Kampfanlagen und Waffen der Nahverteidigung. Dazu zählen Gruppenunter-, Maschinengewehrstände, Bunker mit drei und sechs Scharten-türmen, Granatwerferbunker, kasemattierte Geschütze, Pak- und Flammenwerferbunker. Die Möglichkeiten moderner Kriegführung, wie sie sich zu dieser Zeit darstellten und wie sie in den Konzepten der Militärs eine Rolle spielten, gingen von Angriffen motorisierter und gepanzerter Verbände sowie Angriffen aus der Luft aus. Daraus konnten wiederum konkrete Aufgaben an die Bewaffnung abge-leitet werden. Die Festungsanlagen und -linien benötigten Waffen zur Sperrung bestimmter Räume für das Feuer der eigenen schweren Artillerie und Waffen zur Verteidigung der Anlagen im Falle unmittelbarer Angriffe auf die Festung, Waffen zur Selbstverteidigung. Letztere sollen besondere Beachtung finden. Der Einbau von Maschinengewehren, Granatwerfern, Flammenwerfern, Geschützen zur Panzer- und Geschützen zur Flugzeugabwehr und von Ge-schützen der Feldartillerie wurde laut Vorschrift ausgeführt, die dazu gehörigen Festungsanlagen waren normiert (Regelbauten). Hier trat bereits mit dem 1940 beginnenden Ausbau, der später als „Atlantikwall" bezeichneten Verteidigungsanlagen an den europäischen Küsten, ein Wandel ein. Zunehmend bestimmten durch Material- und Personalmangel diktierte Behelfe das Bild der Verteidigungsanlagen. Die Ausweitung des Krieges im Osten verschärfte diese Tendenz. Die Verteidigungsstellungen im Osten erhielten den Charakter von Feldstellungen mit Festungsbauelementen (Kuppeln usw.). Behelfe dominierten. Dazu gehörten, unter anderem, die 1944 aufgestellten Festungs-Pakverbände usw. Zu allen Themen des Befestigungsbaus und der Festungsarchitektur, der unterschiedlichen Linien, sind in den letzten Jahren umfangreiche Publikationen erschienen. Die Bunkeranlagen sind gut beschrieben, nur zur Nahverteidigung, insbesondere ihrer waffentechnischen Komponente, gibt es wenige Darstellungen. Hier wird der Versuch unternommen, einen Beitrag zur Aufarbeitung dieses Defizits zu leisten, was jedoch bei der Vielfalt der Kampfmittel, die im weiteren Verlauf des Krieges auftraten, den Rahmen eines Heftes der Waffenarsenal-Reihe sprengt.

Karte mit den deutschen Festigungslinien von 1939.

HISTORISCHER RÜCKBLICK AUF DIE ENTWICKLUNG DER NAHABWEHRWAFFEN IN DER ZWEITEN HÄLFTE DES 19. JAHRHUNDERTS

Der bedeutende Militärforscher Heinrich von Müller, schrieb in seiner Geschichte des Festungskrieges: „Die Ein-richtung der Befestigungen ist im Laufe der Jahrhunderte fortwährenden Veränderungen unterworfen worden... wenn daher die, neu erbaute Festung auf der Höhe der Zeit stand und der Verteidigung eine gewisse Überlegenheit über den Angriff gab, so war der letztere sofort wieder bemüht, die Schwächen der Befestigung aufzusuchen und die Kampfmittel und Kampfweise so lange weiter zu bilden, bis er damit seinerseits die Überlegenheit über die Verteidigung erlangte.“ Immer wieder war es mit Hilfe von Fernkampfwaffen, Bliden und später Geschützen gelungen die Widerstandsfähigkeit der Festungen an einer oder mehreren Stellen zu brechen. Im Ergebnis stand der Sturmangriff auf die Festung in Aussicht, es kam zum Nahkampf an der Mauer und um die Mauer. Natürlich war die Festungsbesatzung bemüht die Angreifer so früh wie möglich abzuwehren. Das gehörte zu den Aufgaben der Bogen- und Armbrustschützen, die nach dem Aufkommen der Feuerwaffen durch diese ergänzt und schließlich ganz ersetzt wurden. Die Verteidiger von Festungen mußten die angreifenden Truppen von den Flanken her bekämpfen, um besonders wirksam zu sein. Auf nächste Distanz waren kleinere Geschütze oder Mörser effektiv, wenn der sogenannte Hagel, Kartätschen (Bleikugeln, gehacktes Blei oder Glas) zum Einsatz kam. Es ist nur zu verständlich, wenn der Kampf um die Mauer so weit wie möglich in deren Vorfeld verlegt wurde. Im Leitfaden zum Unterricht in der Befestigungskunst von 1876 heißt es: „Der Ingenieur muß bei der Anordnung der Werke und der Artillerist bei ihrer Armierung als ersten Grundsatz befolgen: in allen Perioden der Belagerung die Überlegenheit des Feuers über den Angriff zu erlangen; die Ver-teidigung kann dem Angriff nur dann überlegen werden, wenn sie jeder Angriffsbatterie eine an Zahl, Kaliber und Deckung überlegene Batterie ins Feuer bringt.“ Ein weiterer bekannter Festungsingenieur, ein gewisser Simon schrieb in der Mitte des 19. Jahrhunderts in seinem Buch von der Polygonal- und Kaponier- Befestigung’: „,... die Artillerie hat in der Verteidigung bisher selten etwas geleistet, so liegt dies im fehlerhaften Gebrauch der Kunst. Die Festungsartillerie richtig zu gebrauchen, ist noch ein ungelöstes Problem. Es gehört dazu die genaueste Kenntnis der Leistungsfähigkeit der Waffe, die immer noch fehlt.“

Schießtechnisch übertrafen die Waffen der Artillerie bis zur Mitte des 19. Jahrhunderts die der Infanterie erheblich. Das änderte sich in den Jahren von 1840 bis 1855. Die Infanterie erhielt an Stelle von glatten, gezogene Gewehre. Zunächst Vorderlader, später Hinterlader. Bei der Feld- und

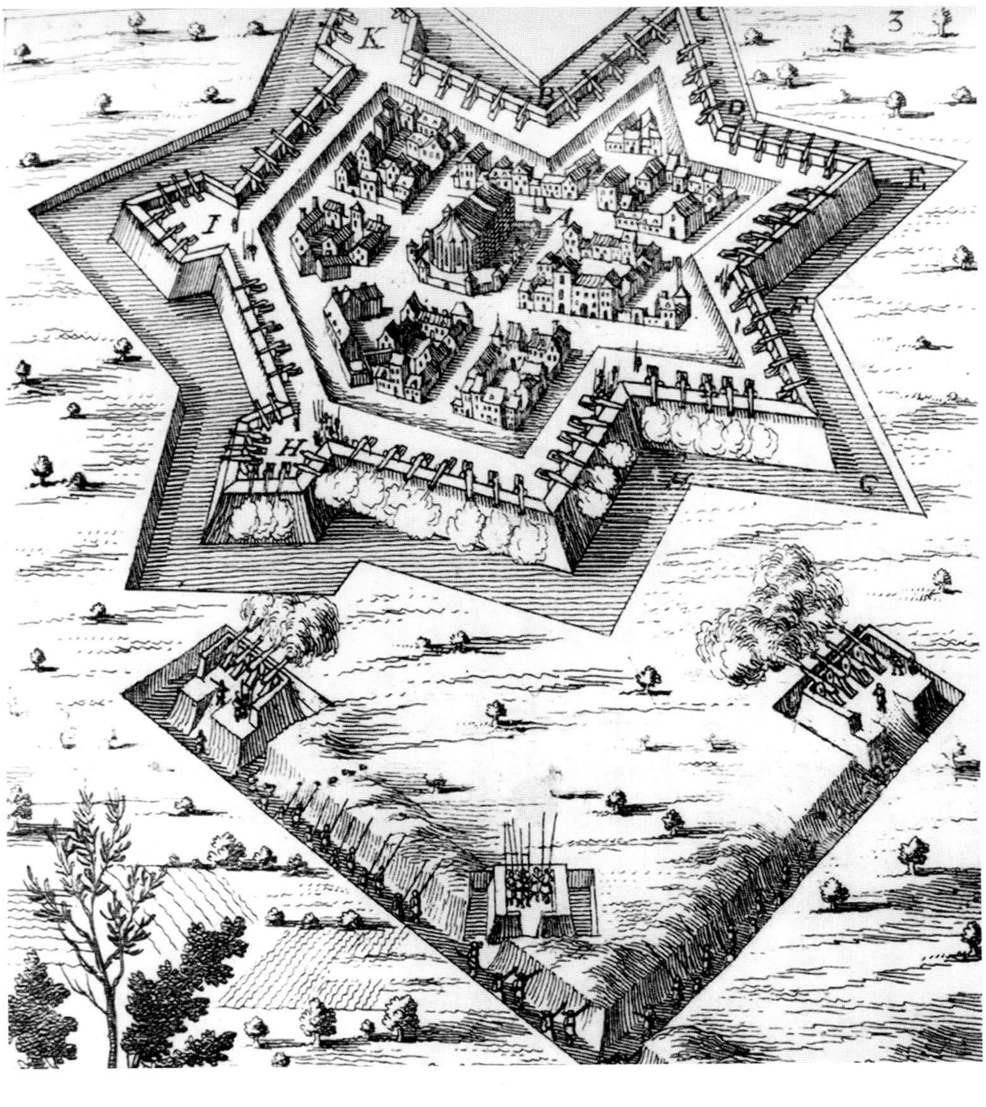

Belagerungsartillerie in gedeckter Feuerstellung im Kampf gegen eine Festungsanlage. Die zeitgenössische Abbildung ist aus dem Buch von Manneson Malett " Der Kriegs-Arbeit oder Kriegs-Kunst" von 1687 entnommen.

Skizze mit der Darstellung verschiedener Arten von Kaponnieren.

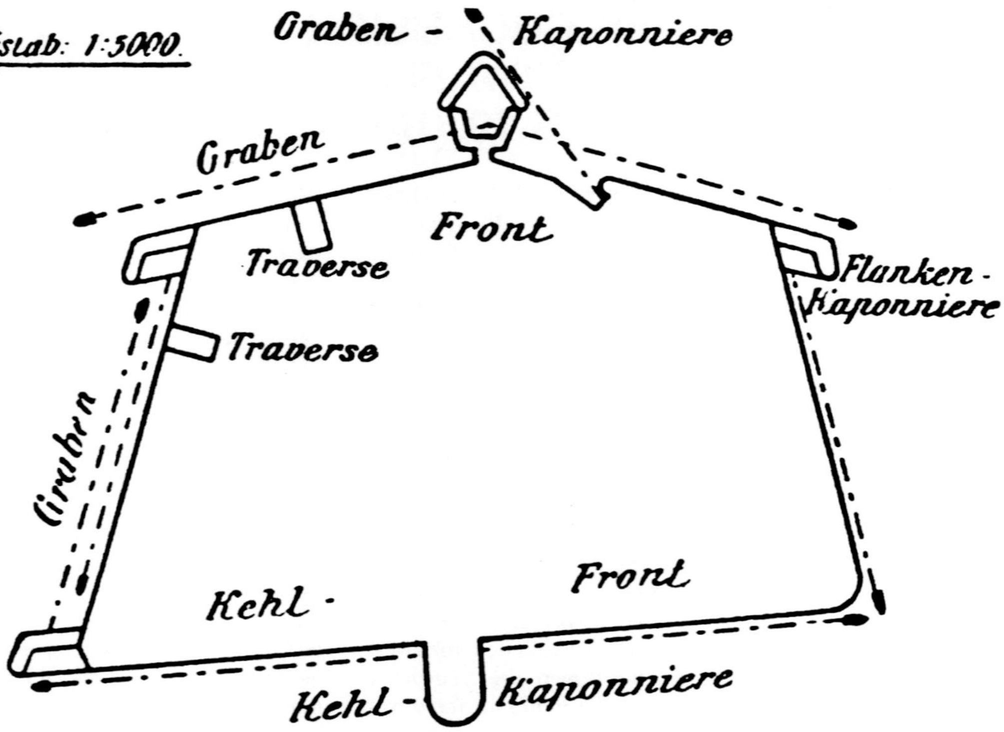

der Belagerungsartillerie vollzog sich der Übergang von glatten Geschützen zum gezogenen Vorder- bzw. Hinterlader auch, aber mit geringer Zeitverschiebung. Der Einfluß der gezogenen Geschütze auf den Festungsbau und Festungskrieg war vergleichbar mit dem Auftreten der ersten Feuergeschütze in den Festungskriegen. Die Waffenwirkung erlaubte eine nachhaltige Fern- und mit geringen Aufwand auch eine zähe Nahverteidigung. Zweck der modernen Geschütze zur Nahabwehr war es eine möglichst größere Anzahl von Geschossen in geringen Zeiträumen zu verschießen. So wurde die Verteidigung verstärkt. Natürlich blieb die waffentechnische Entwicklung nicht ohne Einwirkung auf die Festungsbauelemente. Es wurden spezielle Bauwerke wie Kaponnieren (auch Grabenkoffer, kasemattierte Räume zum Bestreichen der Festungsgräben), begünstigt durch neue Materialien, wie Beton und Eisen, widerstandsfähiger gegen Beschuß gemacht, aber auch den neuen Einsatzmöglichkeiten der Abwehrwaffen angepaßt und der Wirkung der Belagerungsartillerie weitgehend entzogen. Das war auch zwingend notwendig. Die Grabenwehren wurden in das Innere der äußeren Festungsmauer verlegt, wo sie aus Scharten die Gräben flankierend bestreichen konnten. Die Forts der Feste Kaiser Wilhelm II., waren die ersten Festungswerke die mit diesen Geschütztypen neuer Art ausgestattet wurden. Die großen Grenzfestungen im Westen und Osten besaßen später die 3,7-cm-Revolverkanone in den Grabenwehren der Gürtelforts, nur Metz und der Isteiner Klotz erhielten für ihre neuen Panzerfesten Flankierungs-

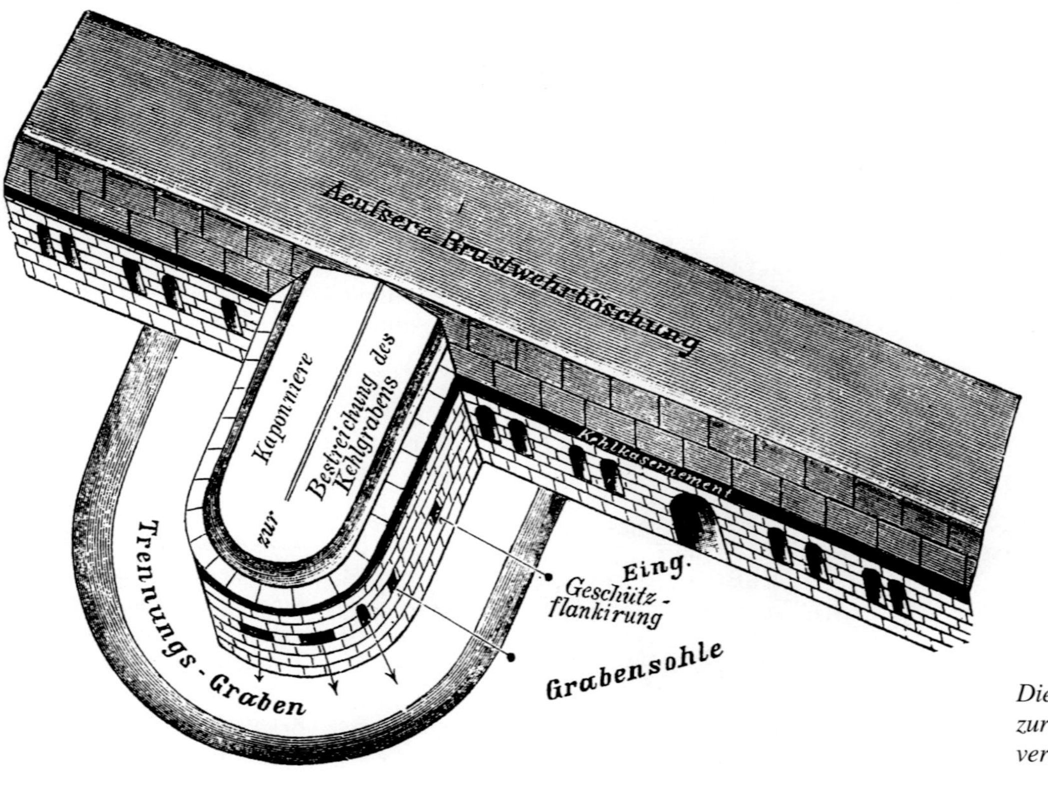

Die Kehlkaponnieren dienten zur flankierenden Grabeverteidigung.

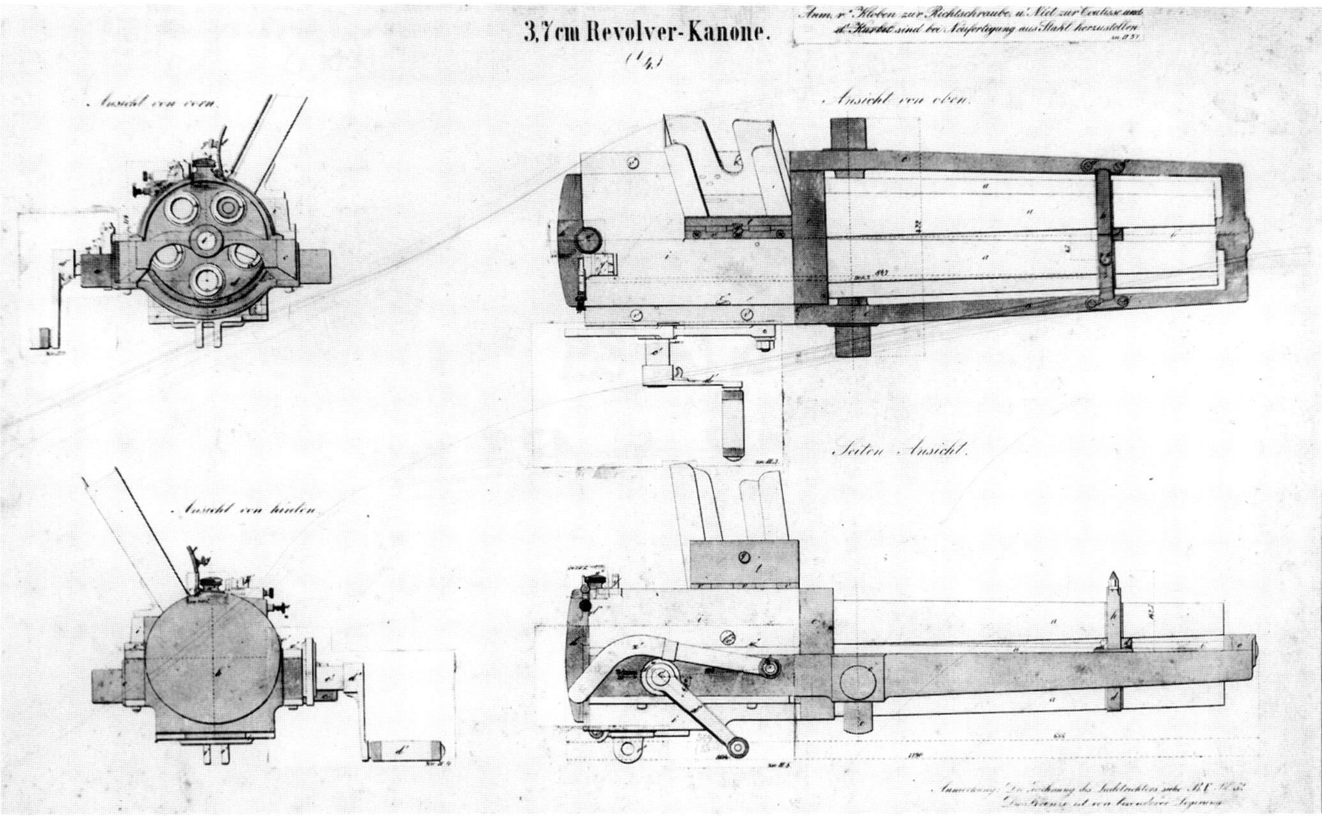

Geschützrohr der 3,7-cm-Revolverkanone. Sie diente wie Mitrailleusen und Schnellfeuerkanonen zur Grabenflankierung, Bestreichung des Vorfeldes und zur Unterstützung der Infanterie im Abwehrkampf.

kasematten mit 5-cm-Kanonen in Kasemattenlafetten zur Bestreichung von Gräben, Hindernissen verschiedener Art, darunter Stahlgitterzäune. Panzerkonstruktionen wurden bei Neubauten im Westen berücksichtigt. Die Infanterie griff mit wirksameren Waffen und veränderter Taktik in das Kampfgeschehen um die Festungen ein und wurde durch die Pioniere mit einer Vielzahl neuer Kampfmittel unterstützt. Beiden kam die größere Zerstörungskraft der Belagerungsartillerie zu Hilfe. Aufgabe der Nahabwehr in Festungen war es dem Gegner das Eindringen in die Festung zu verwehren und das Terrain durch Verteidigung aller vorbereiteten Stellungen zu behaupten. In der zweiten Hälfte des 19. Jahrhunderts wurde begonnen, eine Reihe neuer Kampfmittel zu entwickeln, die für die Nahverteidigung von Bedeutung waren. Wie bereits an anderer Stelle erwähnt, gehörte es zu den vordringlichsten Aufgaben der Festungsingenieure die Kampfmittel der Nahabwehr einer zerstörenden Wirkung der Brisanz- Granaten zu entziehen.
Deutschland war bis zur Jahrhundertwende Schrittmacher in der Entwicklung von Hartguß-Panzerständen. Insbesondere die Magdeburger Firma Gruson trat hier in Zusammenarbeit mit dem preußischen Pionieroffizier Schuhmann in Erscheinung. Parallel beschäftigte dieser lukrative Bereich der Rüstungsindustrie auch die Firma Krupp. Waffen der Nahverteidigung im Festungskrieg waren die 3,7-cm-Revolverkanone in Kasemattenlafette 1885, 5-cm-Kanone in Panzerlafette 1890, 5-cm-Kanone in Kasemattenlafette 1890 und die 6-cm-Kanone im Panzerturm 1896. Zur Fernverteidigung müssen die 7,7-cm-Kanone in Kasemattenlafette 1900, 10-cm-Turmkanone (verst.) 1900, kurze 10-cm-Turmkanone 1900, kurze 10-cm Turmkanone 08 1908, 15-cm-Ringkanone in Minimalschartenlafette 1900, 15-cm Kanone in Sockellafette 1907, 15-cm-Turmhaubitze 1893 und die 21-cm-Turmhaubitze 1903 gezählt werden. Diese griffen natürlich auch in das Kampfgeschehen um die Festung selbst ein. Ältere glatte Geschütze blieben zur Nahverteidigung übrigens noch längere Zeit in der Bewaffnung der Armee. Die geschützt untergebrachten Festungsgeschütze wurden durch Beobachtungsstände und bombensichere Unterkunfts- und Munitionsräume ergänzt. Sie wirkten in einem System, eng verbunden mit Hindernissen, wie nassen und trockenen Gräben, Stahlgitterzäunen, Fallgruben etc. Panzertürme wurden zur unmittelbaren Sturmabwehr im Vorfeld eingesetzt. Wichtigster Vertreter war der 5-cm-Fahrpanzer. Er besaß einen drehbaren Sockel auf dem die 5-cm-Kanone L/24,5 lafettiert war. Sie konnte Granaten bis auf 3000 m und Kartätschen mit einer wirksamen Schuß-weite bis 400 m verschießen. Die Vo betrug 457 m/s. Laut Vorschrift vom 5.9.1890 war die 5-cm-Kanone in 5-cm Panzerlafette für die Unterstützung der Infanterie in frontaler und flankierender Abwehr von Nahangriffen gegen befestigte Stellungen mittels Kartätschfeuer vorgesehen. Die Mannschaft bestand aus einem Geschützführer und zwei Kanonieren. Die Panzergeschütze/Fahrpanzer durften nur in Gruppen von 2 Geschützen verwandt werden.

Das Rückrat der Verteidigung stellten Panzerbatterien dar. Wovon es die folgenden gab:
1. 6-cm-Batterien
2. 10-cm-Kasematt-Batterien
3. 15-cm-Kasematt-Batterien
4. 15-cm-Haubitz-Batterien

1913 wurde in einem Schreiben des Kriegsministeriums mitgeteilt, daß zum Zwecke der Graben- und Hindernisbestreichung in der Regel das Maschinengewehr zu verwenden ist. Damit betrat eine neue und weit wirksamere Waffe die Bühne des Festungskrieges. Bis zum Jahr 1914 waren neben den Geschütz- und Beobachtungspanzer auch Maschinengewehr- und Scheinwerferpanzer verfügbar.

Die 3,7-cm-Revolverkanone bestand aus einem Rohrbündel mit fünf Stahlrohren. Sie wurden durch zwei Bündelscheiben zusammengehalten, mittels Kurbeldrehung in Bewegung gesetzt und nacheinander abgefeuert. Ein Vorgang der sich so lange wiederholen ließ, wie an der Kurbel gedreht und Munition nachgeführt wurde. In den Festungen befindliche Revolverkanonen wurden im Ersten Weltkrieg, nach dem Übergang zum Stellungskrieg demontiert und im Grabenkrieg zur Sturmabwehr verwendet.

Eingebaute Revolverkanone. Im Handbuch für die Einjährigen - Freiwilligen der Fußartillerie wurde die ortsfeste Verwendung als einzige Form des Einsatzes angegeben. Später kamen auch Sonderformen auf aptirten 9-cm-Feldkanonenlafetten in Gebrauch.

3,7-cm-Revolverkanone in Kasemattenlafette (1885)

Kaliber	**37 mm**
V°:	**400 m/s**
Feuergeschwindigkeit:	**50 Schuß/min**
Schußweite:	**Granaten 2000 bis 3 000 m** **Kartätsche 300 m**
Rohrlänge	**L/32 = 1 192**
Gewicht:	**571 kg,** **Rohre ohne Verschluß 211 kg**
Seitenrichtbereich:	**20 Grad**
Höhenrichtbereich:	**- 10 bis +15 Grad**
Geschoßgewicht:	**Granate 0,46 kg** **Kartätsche mit 0,51 kg** **(40 Kugeln)**

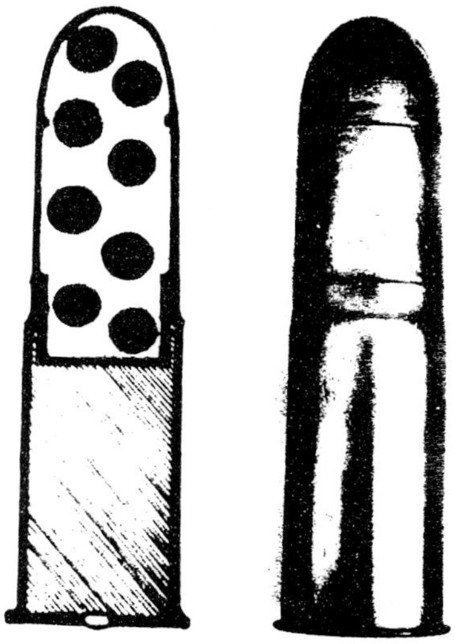

Kartätschmunition für die 3,7-cm-Revolverkanone. Diese Geschoßart spielte bei der Nahabwehr von Sturmangriffen eine wichtige Rolle.

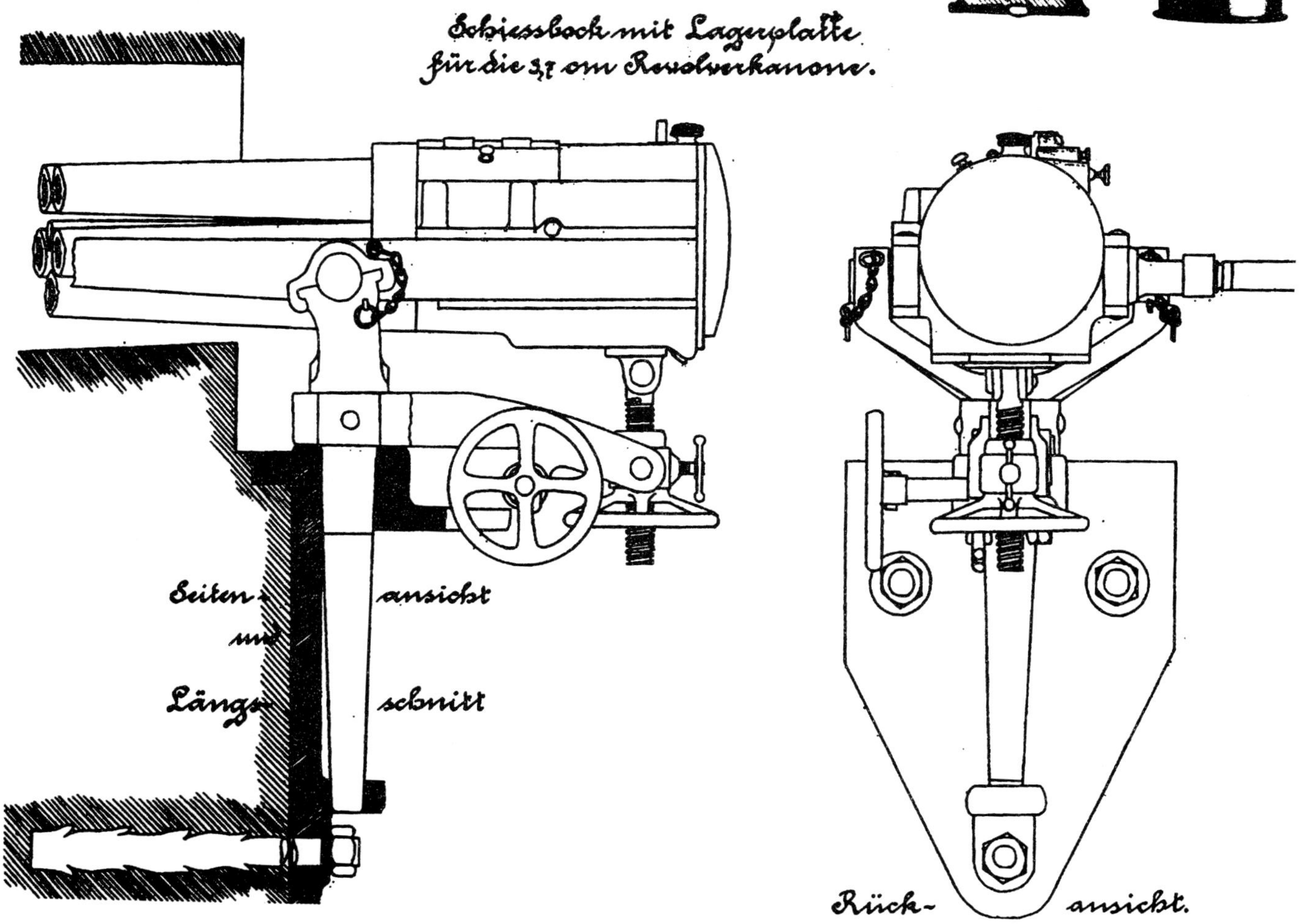

5-cm-Kanone in Kasemattenlafette (1890)

Kaliber:	53 mm
V°:	457 m/s
Feuergeschwindigkeit:	25 Schuß/min
Schußweite:	Granaten 3 200 m Schrapnell 3000 m Kartätsche 400 m
Rohrlänge:	L/ 24,5 = 1303,5 mm
Gewicht:	566- 1142 kg
Seitenrichtbereich:	30 Grad
Höhenrichtbereich:	- 10 bis + 10 Grad
Geschoßgewicht:	Granate 1,63 kg (0,07 kg Sprengladung) Schrapnell 1,63 kg (265 Kugeln/ Durchmesser 12 mm) Kartätsche 1,88 kg
Schußweite:	Granate 15 (Haube) 13 100 Schrapnell 96 8 500 Rohrlänge: L/35
Gewicht:	bis 111 650 kg (Gewicht des Panzerturms mit Rohr und Vorpanzer)

5-cm-Kanone in Panzerlafette (1890)

Kaliber:	53 mm
V°:	457 m/s
Feuergeschwindigkeit:	25 Schuß/min, 30 - 35 Schuß/min
Schußweite:	Granaten 3 200 m Schrappnell 3000 m Kartätsche 400 m
Rohrlänge:	L/24,5 = 1303,5 mm
Gewicht:	2383 kg
Seitenrichtbereich:	360 Grad
Höhenrichtbereich:	- 5 bis + 10 Grad
Geschoßgewicht:	Kartätsche 2,38 kg
Art der Lafette:	Panzerlafette (fahrbar)

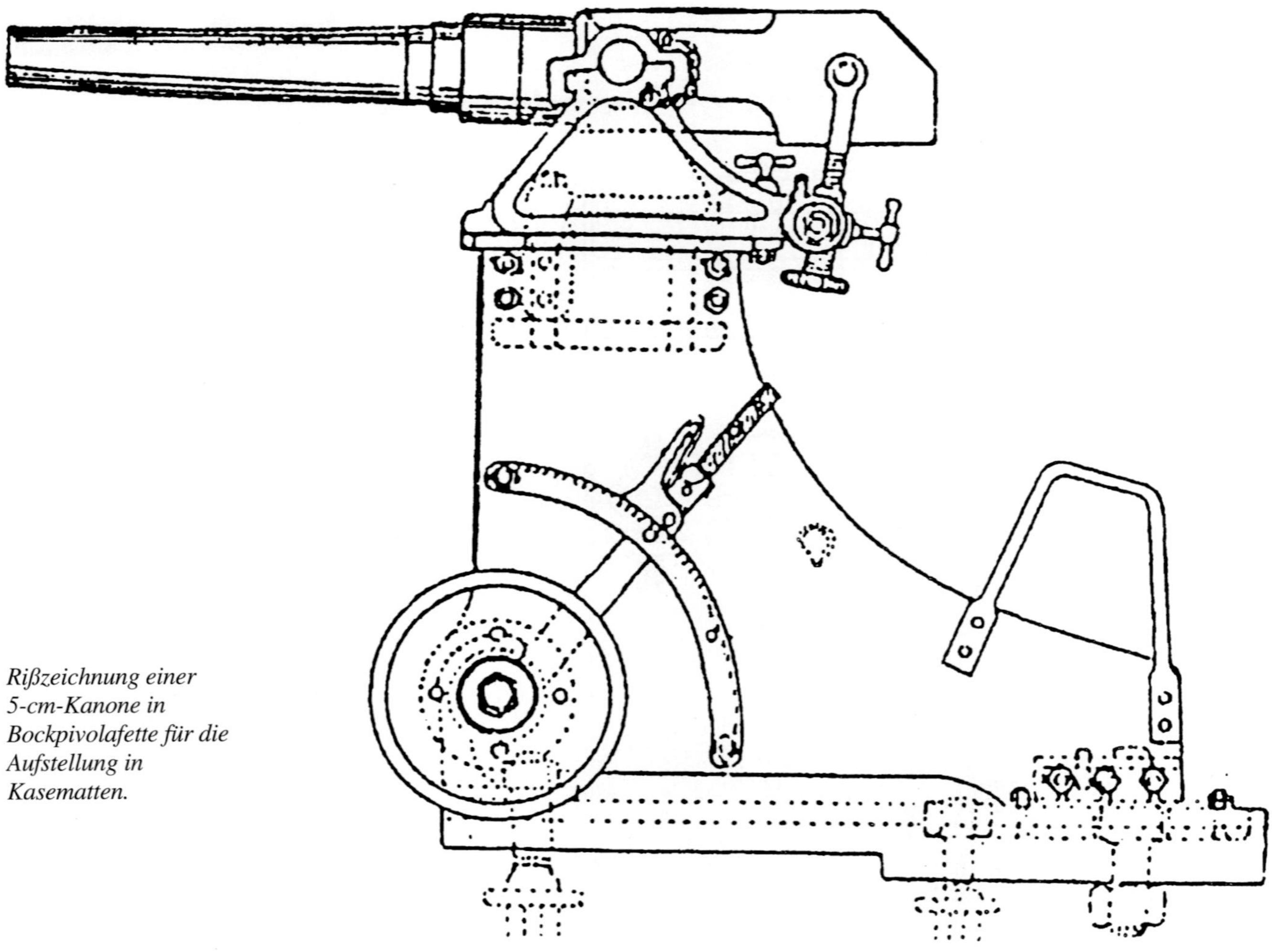

Rißzeichnung einer 5-cm-Kanone in Bockpivolafette für die Aufstellung in Kasematten.

Die 5-cm-Schnellfeuerkanone gab es in Kasemattenlafette und fahrbarer Panzerlafette. Diese Abbildung zeigt das Geschütz in Panzerlafette auf dem Schießplatz Wahn.

Fahrbare Panzerlafette beim Versuchsschießen auf dem Gruson´schen Schießplatz in Tangerhütte

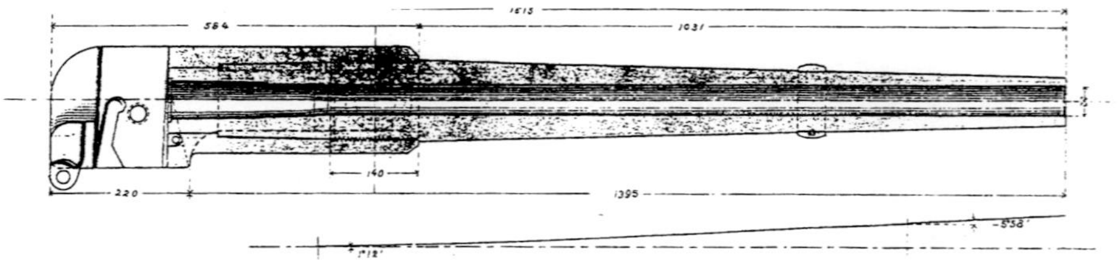

Das 1303,5 mm lange Rohr (=24) der 3,5-cm-Schnellfeuerkanone L/24 ist aus Tigelstahl geschmiedet worden. Der Ladungsraum besaß eine Länge von 156,5 mm, das Rohr wog mit Verschluß 142,0 kg.

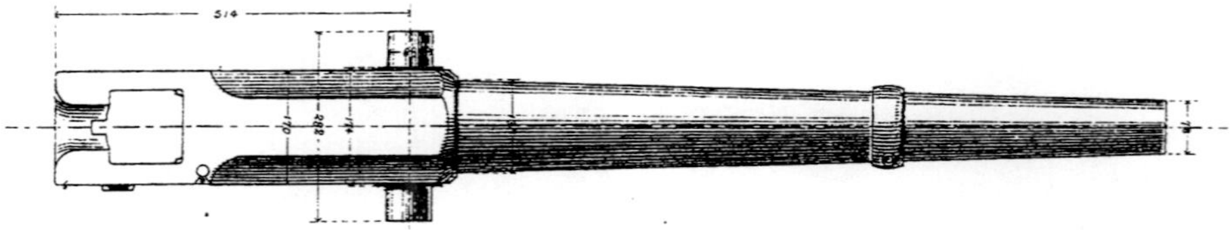

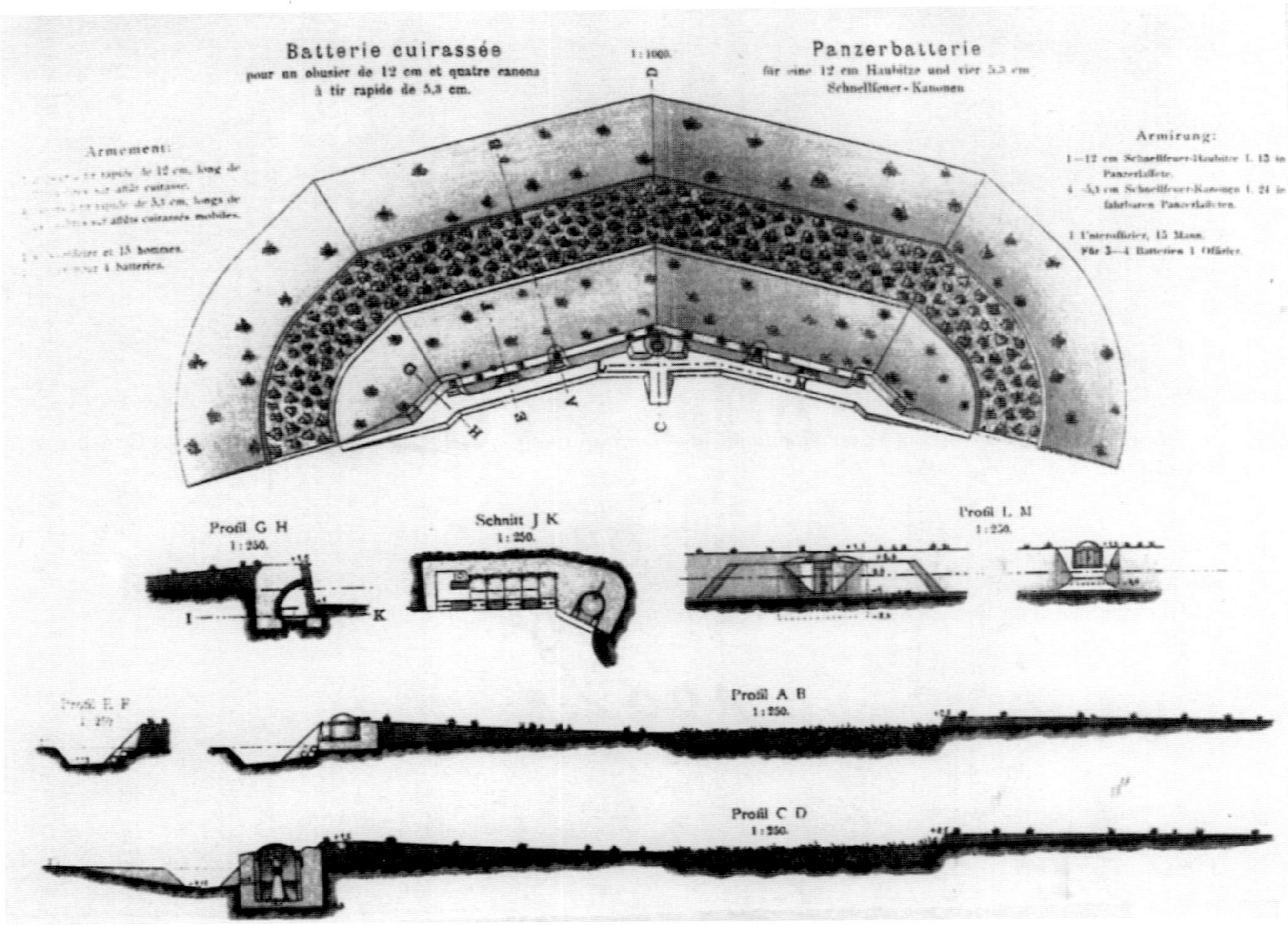

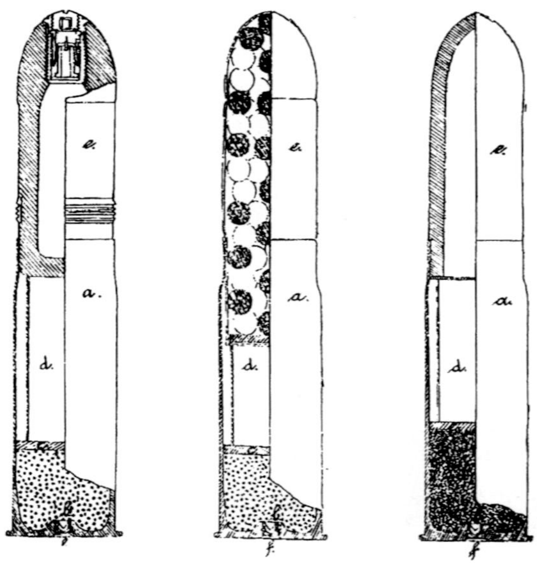

Die Munition der 5-cm-Spreng-Granatpatrone, der 5-cm-Kartätschenpatrone und der 5-cm-Platzpatrone

a. Patronenhülse
b. Pulverladung
c. Filzplatte
d. Holzzylinder
e. Granate mit 5-cm-Granatzünder
f. Zündhütchen

a. Patronenhülse
b. Pulverladung
c. Filzplatte
d. Holzzylinder
e. Kartätsche
f. Zündhütchen

a. Patronenhülse
b. Pulverladung
c. Filzplatte
d. Holzzylinder
e. Vorlage
f. Zündhütchen

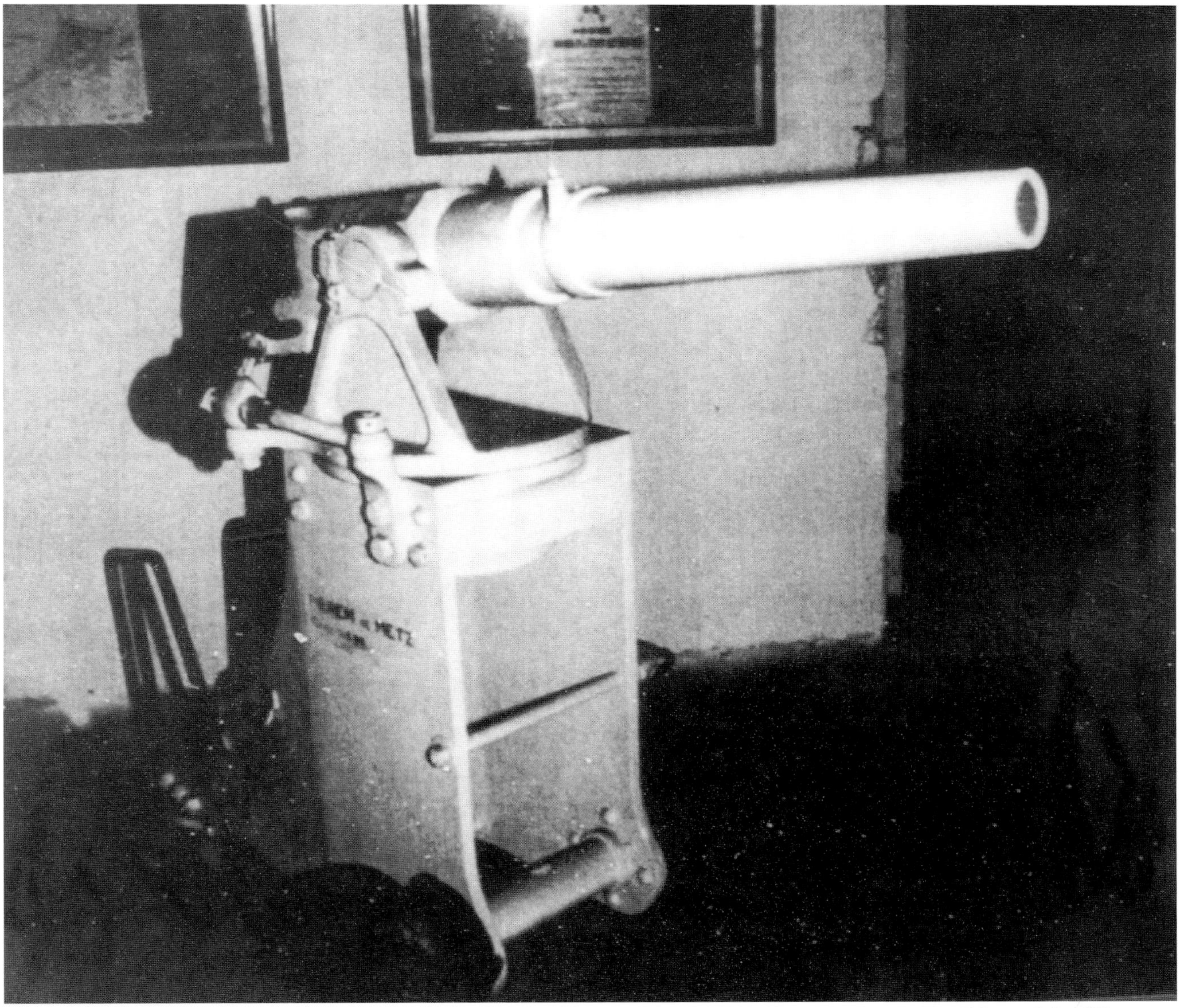

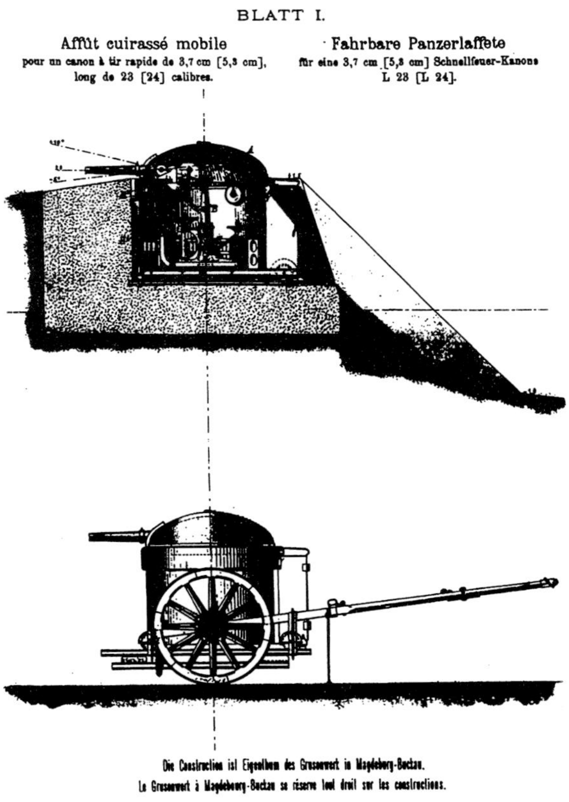

Eine 5,3-cm-Schnellfeuerkanone L/24 in Bockpivolafette aus der Festung Metz.

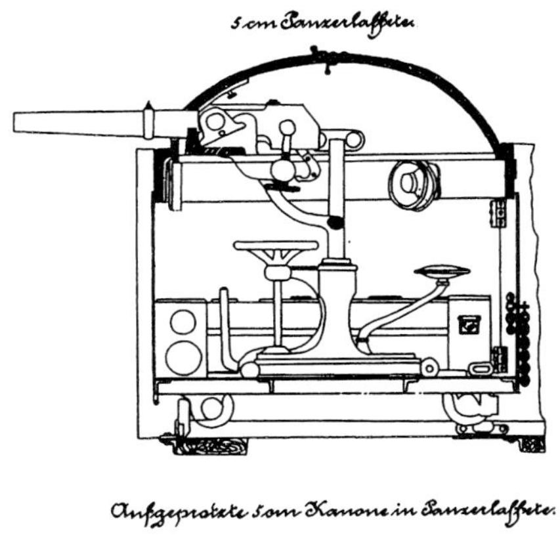

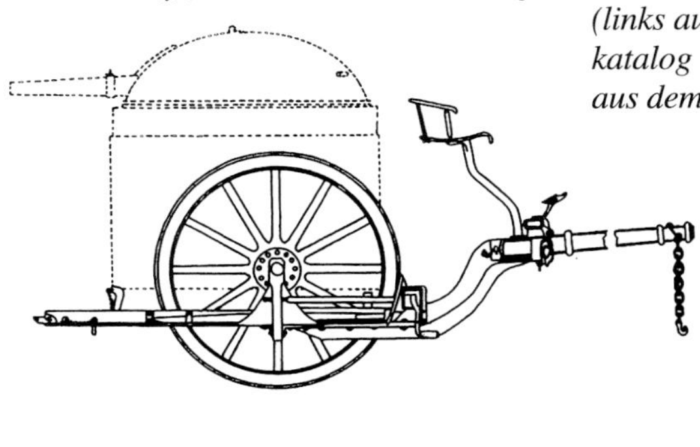

Zeigenössische Darstellungen des Gruson´schen Fahrpanzers von 1888 (links aus dem Firmenkatalog der Firma Gruson aus dem Jahr 1888)

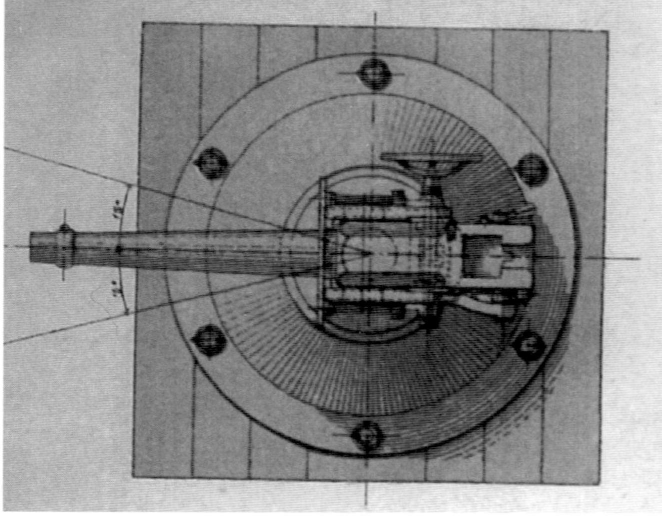

Oben:
Gruson´sche 5,3-cm-Schnellfeuerkanone L/24 auf Bockpivolafette. Sie wurde vorwiegend in Kasematten verwendet und bestand aus einem Rohrträger mit Rohr, welcher drehbar ohne Rücklauf, auf einem Bock gelagert wurde.

Unten:
Schartenpivolafette für die 5,3-cm-Schnellfeuerkanone L/24. Sie unterschied sich von der Bockpivolafette dadurch, daß die Pivolafette mit dem Kasemattenpanzer fest verbunden war.

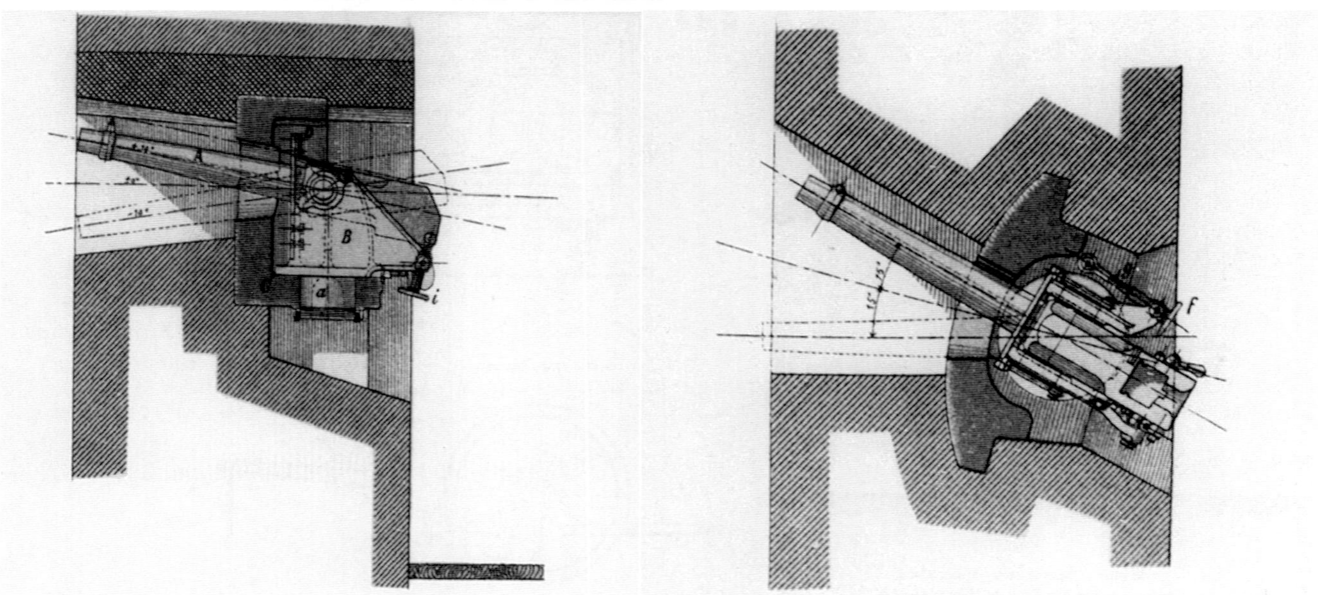

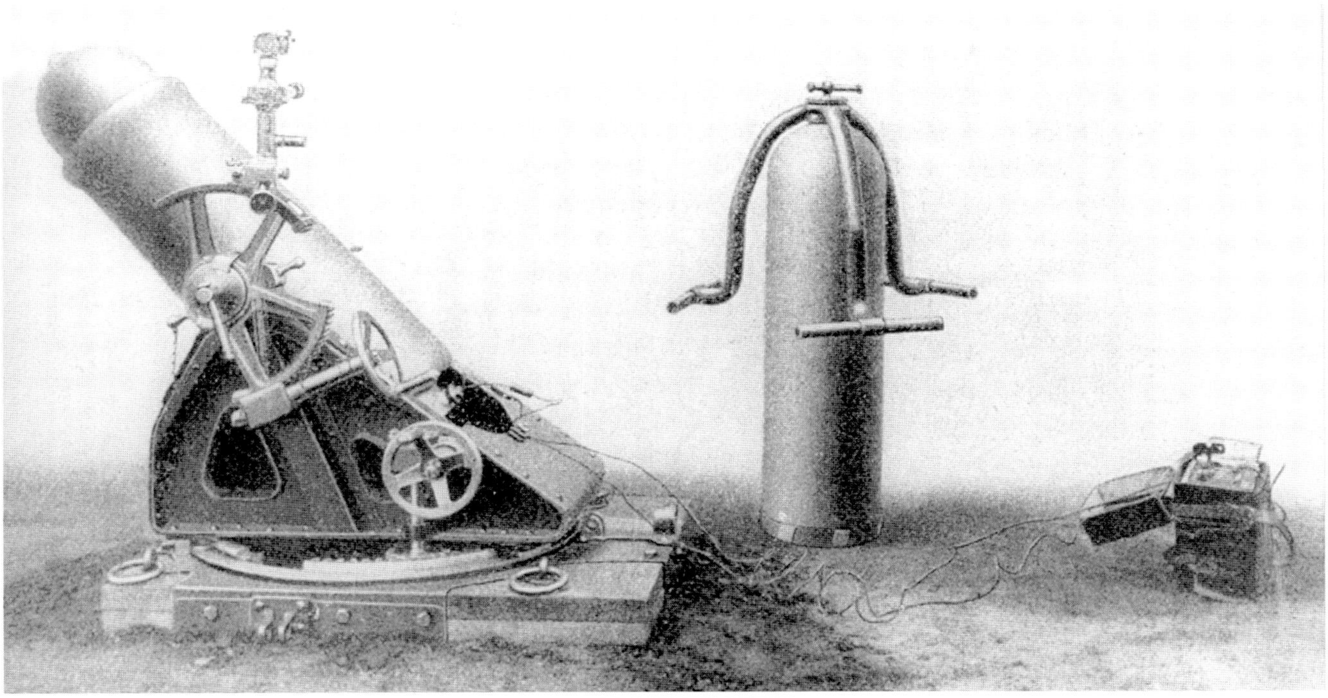

Oben: Schwerer Minenwerfer in starrer Lafette mit eingesetzter Wurfmine. Dieses ursprünglich gefertigte Modell kam nicht zum Einsatz. Schwere Minenwerfer wurden 1914 zum erstem Mal bei Lüttich eingesetzt.

Links: Schwere Minenwerfer (Bild links) waren eine Angriffswaffe. Im Gegensatz dazu dienten leichte und mittlere Minenwerfer zur Verteidigung von Festungen. Sie standen ab 1912 in geringer Zahl zur Verfügung.

Unten: Ein leichter Minenwerfer, über den erst nach Kriegausbruch verfügt werden konnte. Im Verlaufe des Ersten Weltkrieges erlangten die ursprünglich nur für den Kampf um Festungen vorgesehenen Minenwerfer eine große Bedeutung.

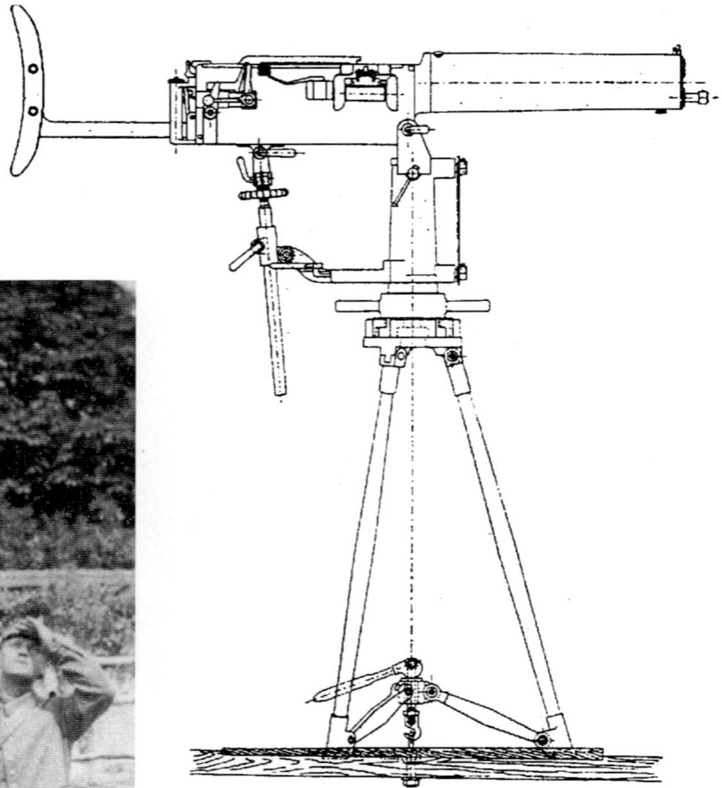

Beide Bilder zeigen ein schweres Maschinengewehr auf Dreibeinlafette für die ortsfeste Verwendung. Das Maschinengewehr kam im deutschen Heer nach der Jahrhundertwende in Gebrauch und revolutionierte das Militärwesen durch seine hohe Feuergeschwindigkeit.

Während des Ersten Weltkrieges wurde wegen der gesteigerten Feuerwirkung der Artillerie an den besonders exponierten Punkten im Stellungssystem für schwere Waffen und Maschinengewehre Blockhäuser errichtet. Dies waren Anlagen aus Erde, Holz, Stein oder Beton. Im Bild ein deutsches Blockhaus aus dem Jahr 1917 an der Westfront.

DIE ENTWICKLUNG DER NAHABWEHRWAFFEN ZWISCHEN DEN BEIDEN WELTKRIEGEN

Deutschland fehlten in den zwanziger Jahren, wie bereits in der Einleitung hingewiesen, die Voraussetzungen für die Anlage ständiger Befestigungen und ihrer Bewaffnung. Nur schrittweise konnten die Aufgaben der Landesverteidigung in Angriff genommen werden. In den ersten Jahren galt es zu allererst vorhandene Bausubstanz zu erhalten. An Neubauten konnte, abgesehen von kleinsten Anlagen, wegen des Verbots der Siegermächte, anderseits wegen fehlender Geldmittel, noch nicht gedacht werden. Erst 1927, als Deutschland im Einvernehmen mit der Kontrollkommission eine Vereinbarung über die Abschwächung einiger Bestimmungen des Versailler Vertragen traf, wurden neue Festungsobjekte im Osten Deutschlands in Angriff genommen. Es entstanden das Heilsberger Dreieck, die Befestigungen an der Oder, in Ostpommern und in Ostpreußen. Fragen der Planung und Organisation der Landesbefestigung bearbeitete die 1. Abteilung des Truppenamtes im Reichswehrministerium, (später die 1. Abteilung des Generalstabes). Pioniere bzw. Festungspioniere der Inspektion der Pioniere und Festungen (In5) des Wehramtes betreuten alle fachlichen Fragen des Befestigungswesens. Für die technischen Erprobungen war die Abteilung Pioniere und Festungspioniere der Amtsgruppe Entwicklung und Prüfung (WaPrüf5) zuständig, die eng mit der Inspektion der Pioniere und Festungen (In5 im AHA = Allgemeines Heereswaffenamt) zusammenarbeitete. Diesen Abteilungen oblagen die Planung und Entwicklung neuzeitlicher Festungsbauten, ihrer Strukturen und Elemente. So entstanden Pläne für permanente Festungsanlagen und -linien. Parallel dazu auch erste Entwürfe für Unterstände, Maschinengewehr-Kampfstände mit und ohne Panzerscharten sowie Beobachtungsstellen und Pak-Unterstände. Ihre Erprobung und Fertigung mußte organisiert werden, um den großen Bedarf an Material, der in Verbindung mit dem Bau der Verteidigungslinien im Osten und Westen entstand, zu bewältigen. Die praktische Ausführung lag in den Händen der Pionierabteilungen in den Festungskommandanturen. Weiterhin gehörte zu den Aufgaben der Inspektionen der Pioniere und Festungen auch die Auswertung der Erfahrungen auf dem Gebiet des Festungsbaus und der Bewaffnung aus dem Ersten Weltkrieg sowie die Beobachtung der Entwicklung des Festungsbaus im Ausland.

Konkrete Pläne entstanden nach 1933 für Unterstände, Maschinengewehrkampfstände mit und ohne Panzerscharten, sowie später auch für Beobachtungsstellen und Pak-Unterstände. Grundsätzlich war es wiederum notwendig die Waffen der Nahabwehr einer erneut gesteigerten Feuerwirkung der Artillerie zu entziehen. Dies sollte durch besseres Material, Beton und Panzerung sowie eine geschickte Anordnung der Kampfstände erreicht werden. Man strebte die Verwendung von Waffen an, deren Feuer indirekt wirksam wurde, so zum Beispiel Granat- und Flammenwerfer. 1934 erfolgte ein erstes Versuchsschießen auf Panzerziele auf dem Kruppschen Schießplatz in Meppen. Der Erfolg förderte den Bau von Panzerkuppeln, welche für die Festungsanlagen dringend benötigt wurden. Im Zusammenhang mit dem beginnenden Ausbau der Westbefestigungen im Jahr 1936 schuf man die Stelle des Inspekteurs der Pioniere und Festungen im OKH. Gleichzeitig erfolgte eine Zurückstellung aller Festungsbauten im übrigen Reichsgebiet. Das Oberkommando des Heeres befahl den dringenden Ausbau von Sperrbefestigungen und die Durchführung von Sperrvorbereitungen an den Saarübergängen im Saarland und den Bau von Befestigungsanlagen am Oberrhein. Die ersten 156

Anfang der 30iger Jahre begann der Ausbau der ständigen Befestigungen im Osten Deutschlands. Hier im Bild ein Dreischartentrum alter Art vom Typ 2P7 in der Panzerstärke B, aus dem Jahr 1936 im Oder-Warthe-Bogen. Diese Aufnahme entstand im Herbst 1997.

Zeigenössische Darstellung von Professor Ernst Vollbeer.

Bunker wurden 1936 fertiggestellt. Die Bauwerke ließen sich unterscheiden in:

1. Unterstände zur Unterbringung von Truppen und Waffen im Zwischengelände

2. Kampfstände Einzelkampfanlagen in der eine oder zwei Waffen eingesetzt werden. Dies sind Schartenstände für frontale Wirkung, Kasematten für flankierende Wirkung, in Stände mit Schartenpanzertürmen und in Stände mit Artilleriegeschützen

3. Werke sind geeignete Stützpunkte mit mehreren Kampfständen und verschiedener Bewaffnung zur Rundumverteidigung. Sie enthalten aber auch Befehlsstellen, Anlagen für Beobachtungen, Räume für Nachrichtenanlagen etc.

4. Werkgruppen setzen sich aus mehreren Werken zusammen, die durch Hohlgänge mit einander verbunden sind. Die Hohlgänge sind zur Verteidigung eingerichtet

Im Einzelnen ergaben sich unterschiedliche Ausbauformen und -baustufen, die in den Regelbauplänen festgelegt sind. Sie unterscheiden sich in die Stufen A-D. Mit der Wiederaufrüstung Deutschlands im Jahr 1936 und mit der Eingliederung des entmilitarisierten Rheinlandes war ein weiterer Wendepunkt bei der Realisierung der Landesbefestigung "West" erreicht. Es wurde ein Sofortbauprogramm beschlossen. Hitler ordnete 1937 den beschleunigten planmäßigen Ausbau der Befestigungen im Westen an.

Zu den Waffen für Abwehr von Nahangriffen gehörten Maschinengewehre, Granatwerfer, Flammen- und Minenwerfer. Die Panzerabwehr sollte durch die 3,7 cm- und 5-cm-Pak in Panzerdrehtürmen oder Panzerkasematten sichergestellt werden. Obwohl bereits 1935/36 entwickelt, gab es zu diesem Zeitpunkt noch keine serienmäßige Herstellung. Deswegen verwendete die Truppe als Aushilfe Geschütze deutscher- später österreichischer und tschechischer Herkunft. Erst ab 1938 gab es entsprechende Regelbauten für Pak-Geschütze. Nach der ursprünglichen Konzeption zum Ausbau der Westbefestigungen sollten, mit Ausnahme der Maschinengewehre, nur spezielle Festungswaffen zum Einsatz kommen.

1938 erschien auf Veranlassung Hitlers die „Denkschrift zur Frage unserer Festungsanlagen". Darin heißt es zu den Aufgaben von Festungen u.a.:

- **Grundsätzlich ist der Zweck aller Festungswerke die erfolgreiche Abwehr eines angreifenden Feindes**
- **der Verteidiger soll in die Lage versetzt werden, seine Angreifer zu vernichten, durch offensive Handhabung der Waffen (erhöhte Waffenwirkung der Verteidigung)**
- **sie ist richtig gebaut, wenn sie mit geringsten Mitteln ein Maximum an Abwehrwirkung sicherstellt**
- **augenblicklich gibt es gegen das Maschinengewehr wohl keine anderen Waffen als Kanonen oder Panzer. Die beste Waffe zum Niederhalten der Geschütze war immer noch die Artillerie**
- **vor dem feindlichen Artilleriefeuer sind alle Abwehrwaffen zu schützen**
- **der gefährlichste Feind der Festungen ist der Panzer, Gas etc.**

Der Ausbau und die Bewaffnung der Befestigungen im Westen und Osten wurde durch Hitlers Anordnung wesentlich beeinflußt. Vorgesehen bzw. teilweise realisiert wurden:

Prinzipdarstellung Nah- und Fernverteidigung

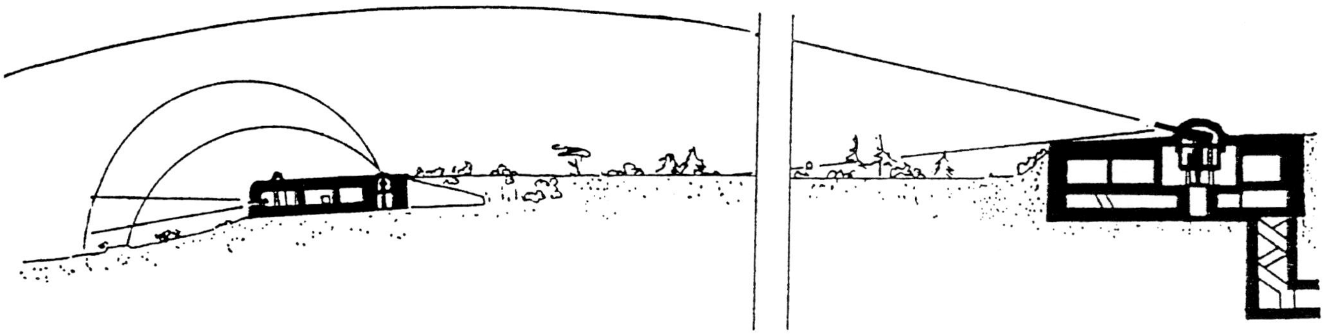

Bunker für die Nahverteidigung
mit Maschinengranatwerfer
und Masch inengewehr

Panzerbatterie 15-cm-
für die Fernverteidigung

- 1800 MG-Schartenstände und rund 10 000 Bunker
- Gruppenunterstände mit zwei verschiedenen 3 Scharten-Kuppeln, für zwei Mann, als Bewaffnung diente das Maschinengewehr 08 und später das Maschinengewehr 34
- die große 3 Scharten-Kuppel, für drei Mann, war mit zwei Maschinengewehr 34 a ausgerüstet
- Kleinstglocken besaßen keine Waffen und waren nur mit Fern- und Sehrohren und Funkgeräten ausgerüstet
- Panzertürme für Infanterie bzw. Artilleriebeobachter
- drei verschiedene Panzertürme für den 5-cm-Maschinengranatwerfer M 19 (fünf Werfer zu Erprobung/ 22 zum Einbau standen zur Verfügung und 88 Stück waren geplant)
- als Panzerabwehrwaffe die 3,7-cm-Pak L/65 (Kasematte), der Kampfstand war mit fünf Mann besetzt und besaß zusätzlich zwei Maschinengewehre die 5-cm-Pak (Kasematte), der Kampfstand war mit fünf Mann besetzt und besaß ein Maschinengewehr (490 Stück wurden bestellt, aber nur elf ausgeliefert)
- die 10-cm-Kanone in dem mittleren Kasemattenturm, für diese gab es zwei verschiedene Panzertürme, die zusätzlich zwei Maschinengewehre 34 besaßen (345 bestellt und 94 geliefert)
- die lange 10-cm-Kanone-Turm in einer Panzerkuppel war mit einem MG 34 und einem Flammenwerfer zur Nahverteidigung ausgerüstet (bestellt 100 Stück und acht geliefert)
- die schwere 15-cm-Haubitze-Turm. Sie konnte auch in die Panzerkuppel der langen 10-cm-Kanone-Turm eingebaut werden (120 bestellt aber nur Werksmuster hergestellt)

Dieser Panzerdrehturm alter Art vom Typ 2P7 in der Panzerstärke B war mit einem Maschinengewehr bewaffnet

Hauptwaffen der infanteristischen Kampfanlagen waren nach der Auffassung deutscher Festungsexperten Maschinengewehre, Panzerabwehrkanonen und Maschinengranatwerfer. Sie waren für den Einsatz an allen Festungslinien vorgesehen.

MG 08

Rückstoßlader mit Wasserkühlung

Kaliber:	**7,92 mm**
V°:	**900 m/s**
Feuergeschwindigkeit:	**300 - 450 Schuß/min**
Visierschußweite:	**max. 3500 m**
Gewicht:	**20 kg, auf Schlitten 08 33 kg**

Munition wurde durch eine Doppeltrommel oder Gurt zugeführt
Gurtkasten mit 250 Schuß wog 8,35 kg

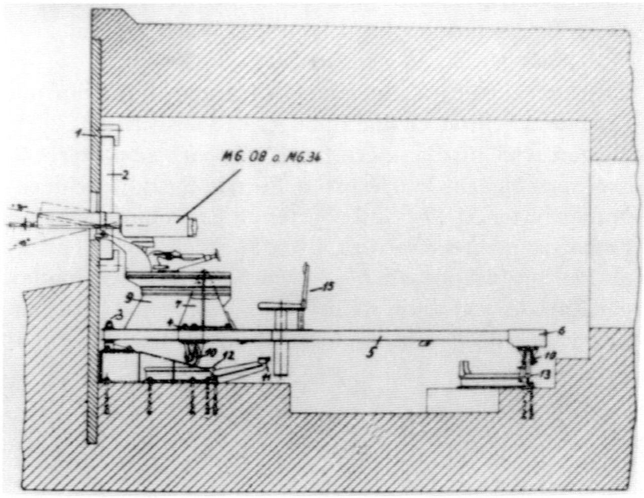

Oben: Maschinenwaffen wurden mit Scharten , mit Schartenplatten oder durch Panzertürme geschützt.

Zur Besatzung eines Schartenstandes mit Maschinengewehren gehörten eine Gewehrführer und vier Schützen. Bei Kampfhandlungen befand sich der Gewehrführer und zwei Schützen (Richt- und Ladegeschütze) an der Waffe im Kampfraum, die anderen zwei Schützen im Vorraum zum Kampfraum. Im Bild Maschinengewehr 08 mit Schutzschild in Feuerstellung.

Das Maschinengewehr 08 mit Schutzschild auf Schartenlafette 08.

Unten: In Feuerstellung. Oben mit geschlossener-, unten bei geöffneter Scharte. Schutzschilde wurde nachträglich eingebaut. Sie dienten zum Schutz vor direktem Beschuß, weil die Maschinengewehr-Schartenplatten zu große Öffnungen besaßen.

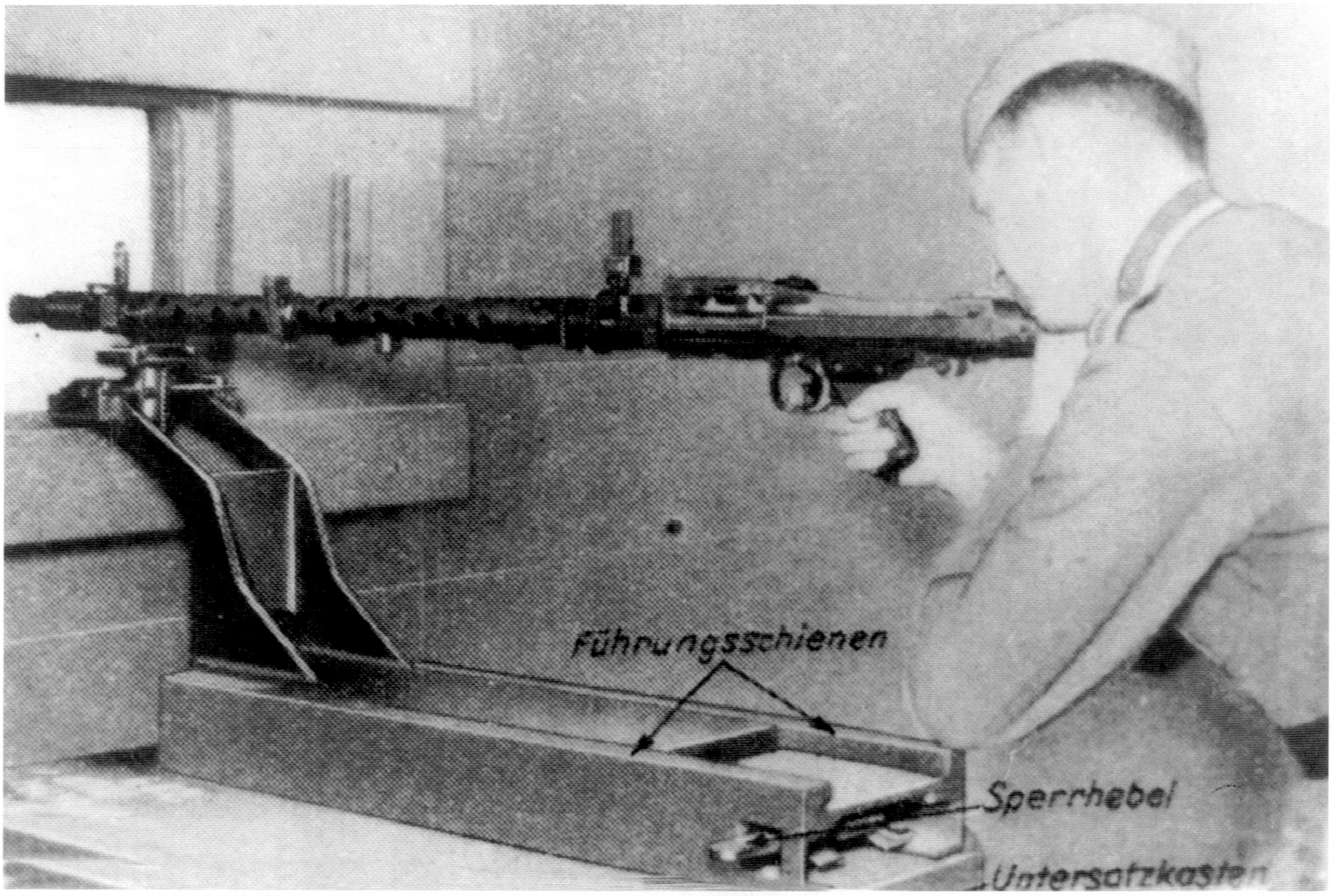

Maschinengewehr 34 auf leichter Maschinengewehr-Schartenlafette. Nach einem Befehl aus dem Jahr 1938 waren für die Westbefestigungen 1800 Maschinengewehr-Schartenstände und 10000 Bunker vorgesehen.

MG 34

Rückstoßlader mit Luftkühlung

Kaliber:	**7,92 mm**
V°:	**755 m/s**
Feuergeschwindigkeit:	**900 Schuß/min**
Visierschußweite:	**bis 3500 m**
Gewicht:	**11 kg**
Gewicht auf sMG-Lafette 34:	**23,6 kg**

Links: Sechsschartenturm 20 P7 mit Maschinengewehren Stärke B. Das Maschinengewehr 34 war für den Westwall und die anderen Befestigungsanlagen ein Teil der Hauptbewaffnung in den Kampfständen. Es kam in den Werken unterschiedlicher Aufbaustärken (A und B) und in Panzertürmen zum Einsatz.

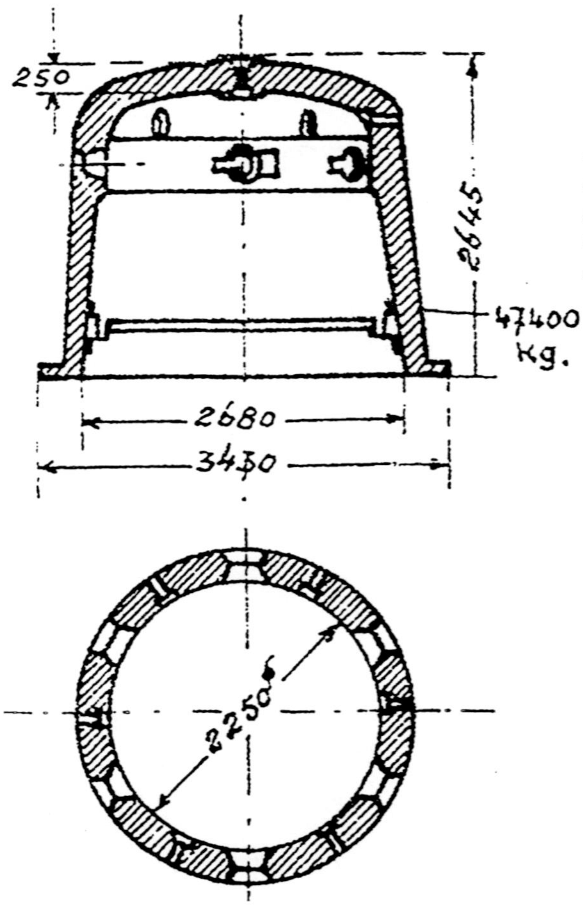

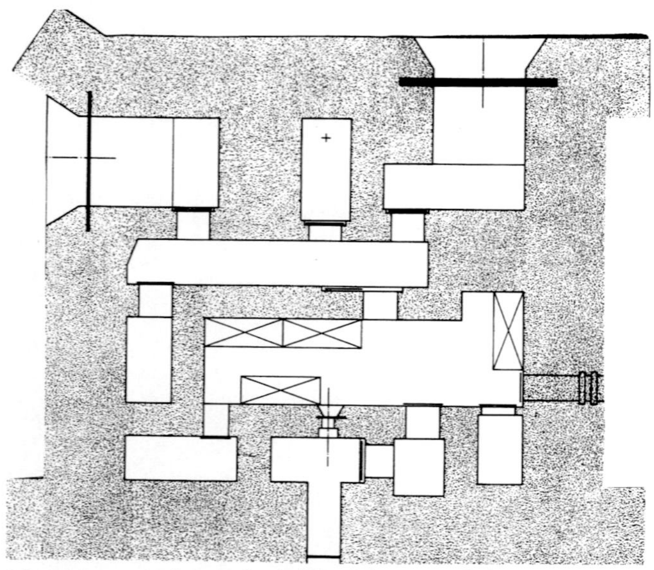

Maschinengewehrstand mit Maschinengewehrkasematte (Regelbau 108 d)

Maschinengewehr 34 mit Panzerzielfernohr auf Maschinengewehr-Schartenlafette 34 in Feuerstellung. Die Maschinengewehr-Schartenlafette 34 in Scharten-Panzertürmen (mit drei oder sechs Kugelkopfscharten) bestand aus folgenden Baugruppen: Fahrbahn, dem Fahrgestell, der Unterlafette, Oberlafette und Höhenrichtmaschine und Tiefenfeuereinrichtung.

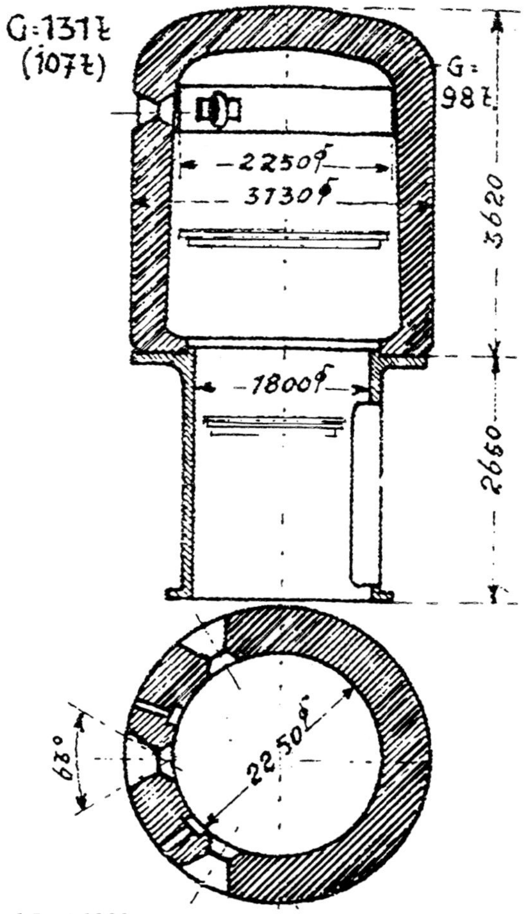

Im Mai und Juni 1939
erfolgte eine Ergänzung des Regelbauprogramms durch weitere Typen von Schartentürmen 1939. Es wurde erstmals bei Kampfständen mit Schartenplatten zwischen Schartenständen für Frontalwirkung und Kasematten für flankierende Wirkung unterschieden. Der hier abgebildete Schartenturm kam nicht mehr zur Ausführung, da bis zum Ende der Arbeiten am Westwall keine Kuppel 69 P9 geliefert wurde.

Kugelkopfscharte eines Maschinengewehrs 34. Sie wurde in der Nähe von Saarbrücken geborgen und befindet sich heute im Militärhistorischen Museum Dresden.

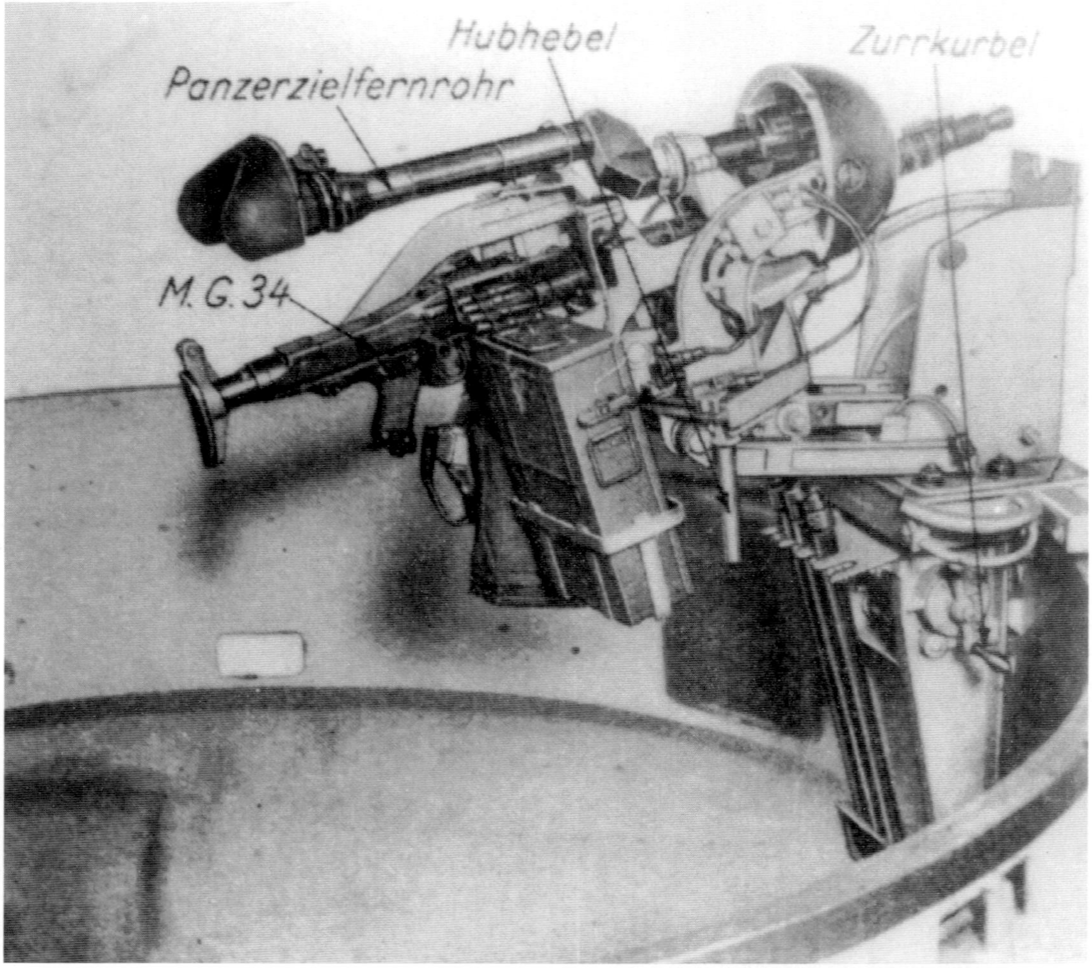

Maschinengewehr 34 mit Panzerzielfernrohr auf Maschinengewehrlafette in sogenannter Schweigestellung, Ansicht von rechts.

Maschinengewehr 34 auf Schartenlafette 34 im Scharten-Panzerturm in Feuerstellung

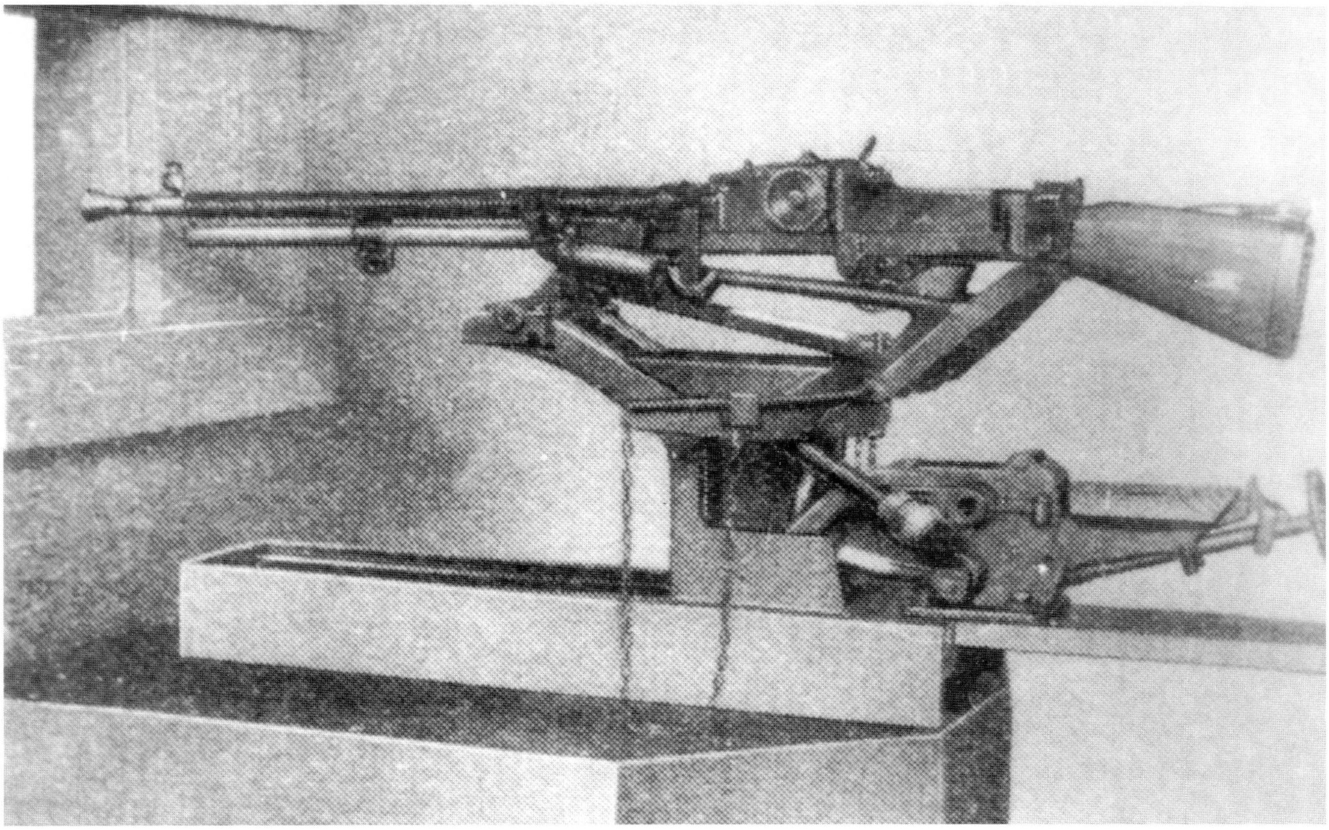

MG 37 (t)

Waffe tschechischer Herkunft
Gasdrucklader mit Luftkühlung

Kaliber:	**7,92 mm**
Feuergeschwindigkeit:	**umschaltbar 450 und 700 Schuß/min**
Visierschußweite:	**bis 2000 m**
Gewicht:	**18,86 kg**

Im Bild oben: das leichte Maschinengewehr 26 (t). Unten: Ein weiteres Modell tschechischer Herkunft, das Maschinengewehr 37 (t) war im Einsatz als schweres Maschinengewehr in Verbindung mit der Treppenscharte 790 P4 und im Regelbau 139 in einer Zwillingslafette antreffen.

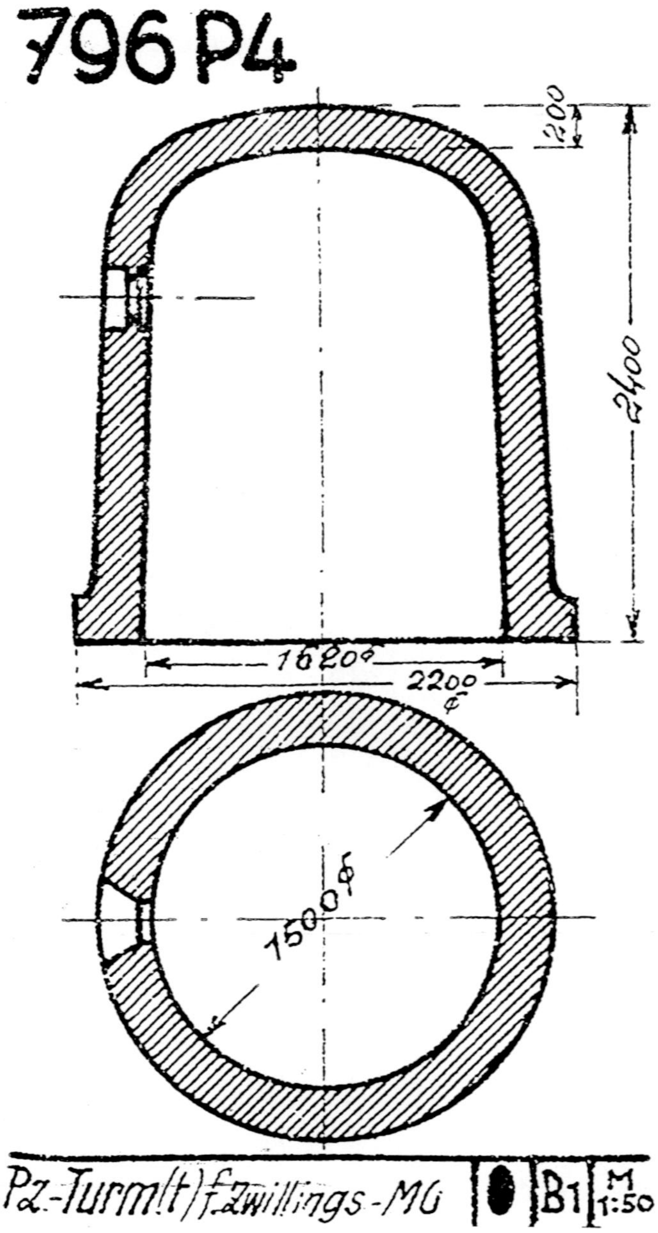

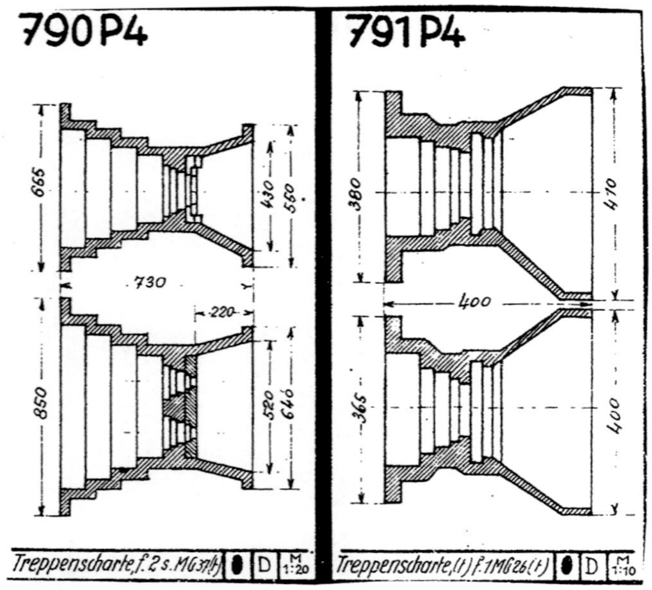

Oben und links: Die Zeichnungen aus dem "Panzer-Atlas" vom O.K.H. AHA InFest/III.

Zeitgenössische Karikatur zeigen die Verwendung der tschechischen Maschinengewehre in Treppenscharten und im Panzerturm.

5-cm-Maschinengranatwerfer M 19

Kaliber:	**50 mm**
V°:	**kleine Ladung 44 - 50 m/s**
	große Ladung 83 - 91 m/s
Feuergeschwindigkeit:	**30 - 120 Schuß/min**
Schußweite:	**20 - 750 m**
Rohrlänge:	**L/14,9**
Gewicht:	**220 kg**
Seitenrichtbereich:	**360 Grad**
Höhenrichtbereich:	**+ 48 bis + 87 Grad**
Geschoßgewicht:	**0,9 kg (Wurfgranate 36)**

Im Bild die Oberlafette. Gut zu sehen die drehbare Lafette. Der Antrieb der Waffe erfolgte durch einen Elektromotor oder von Hand.

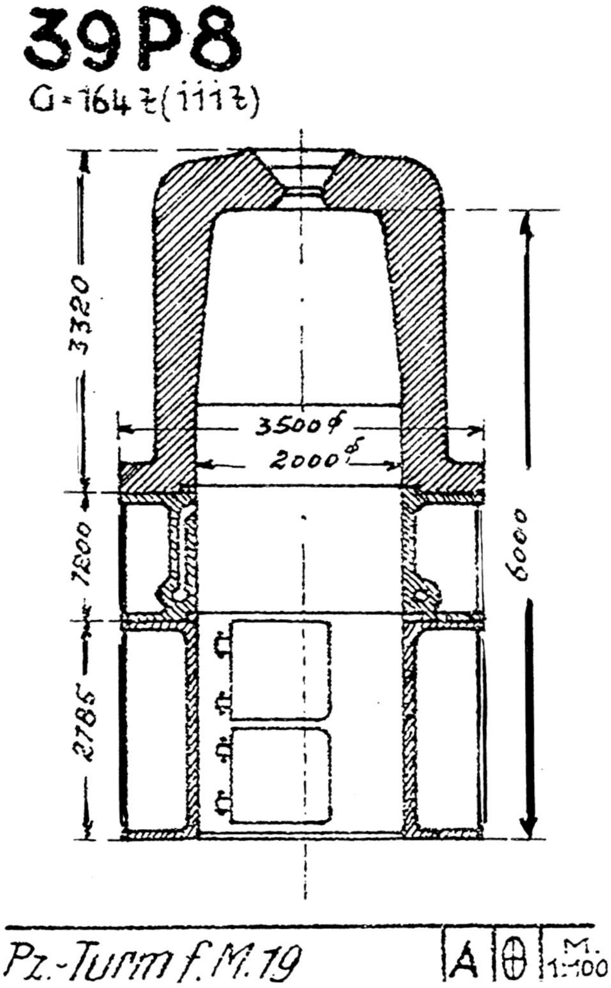

Der Maschinengranatwerfer M 19 war ein 5-cm-Granatschnellwerfer für Einzel- und Dauerfeuer. Er diente wegen seiner gekrümmten Flugbahn, seiner Treffergenauigkeit und der großen Splitterwirkung und Bekämpfung von Zielen hinter Deckungen. Seine Verwendung erfolgte in Verbindung mit einem oder mehreren Maschinengewehren. Letztere zwangen den Gegner in Deckung. Der Maschinengranatwerfer sollte ihn dort unter Beschuß nehmen. Er war in den Regelbauten 135 a und 136 eingebaut.

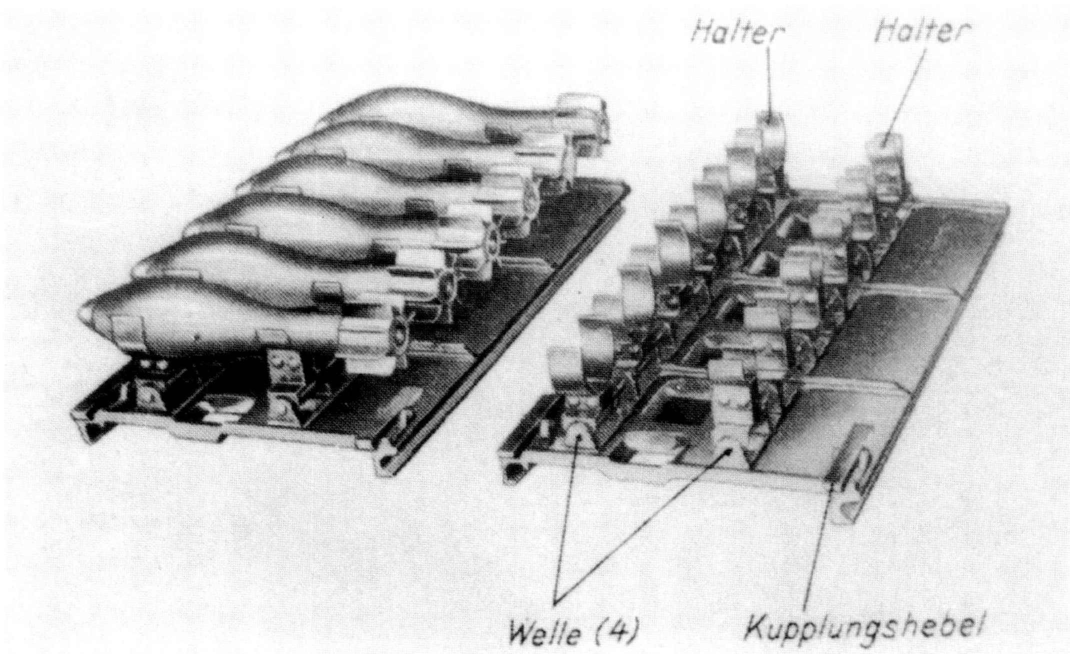

5-cm-Wurfgranaten 36. Die Munition wurde im Rahmen mit je sechs Granaten durch einen elektrisch oder von Hand betriebenen Aufzug der Waffe zugeführt.

Der Ladeschütze setzte den vollen Rahmen in die Rahmenzuführung. Nur der Richtschütze durfte die Waffe in Feuer- oder in Ruhestellung bringen.

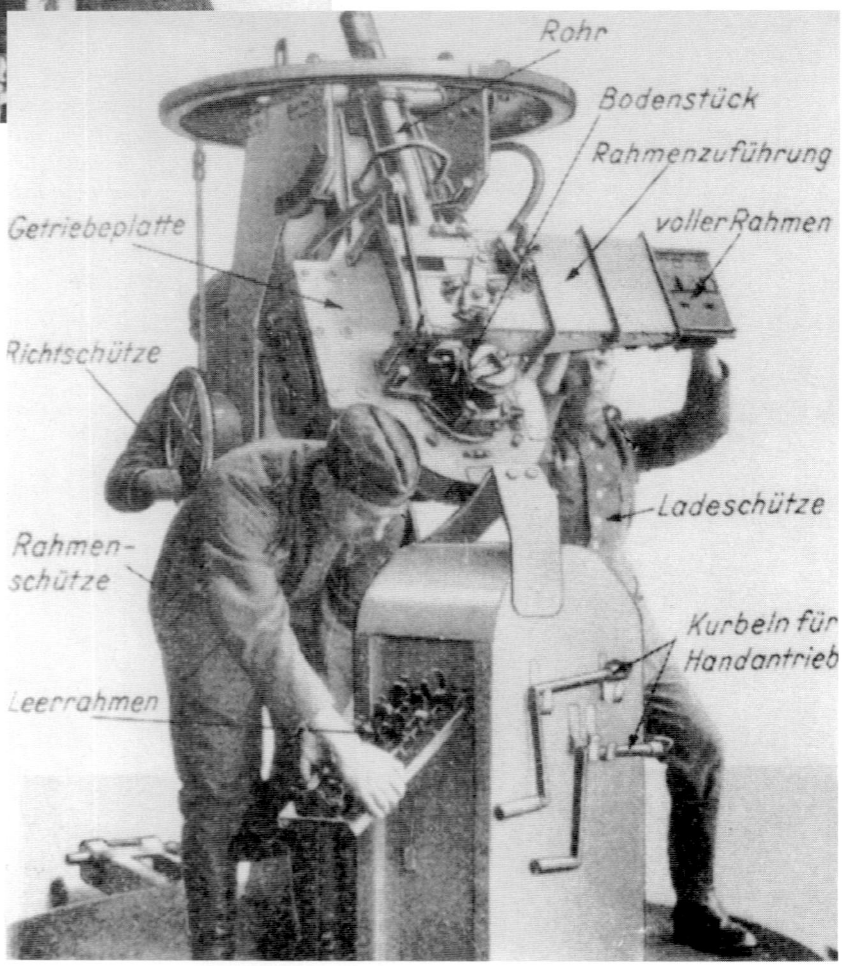

Auf dem Bild wird das Einhängen des leeren Rahmens in den Munitionsaufzug gezeigt.

Bedienung des Maschinengranatwerfers M 19 beim Schießen. Zur Bedienung gehörten der Richtschütze. Er saß auf dem Richtsitz der Oberlafette, bediente das Handrad der Seitenrichtmaschine und mit der anderen Hand die Höhenrichtmaschine. Der Ladeschütze hatte seinen Platz rechts vom Richtschützen, entnahm die vollen Rahmen dem Aufzug und setzte sie ein. Der Rahmenschütze stand links und entfernte die leeren Rahmen aus der Rahmenzuführung.

Unten:
Unterlafette mit Hubvorrichtung und Munitionsaufzug im Aufzugsraum.

Unten rechts: Teil einer Unterlafette. Aufnahme aus dem Oder-Warthe-Bogen 1998.

5-cm-Festungsgranatwerfer 210 (f) - frz.mle. 1935

Kaliber:	**50 mm**
V°;	**120m/s**
Feuergeschwindigkeit:	
Schußweite:	**1075 m**
Gewicht:	**11 kg**
Seitenrichtbereich:	**360 Grad**
Höhenrichtbereich:	**+ 45 Grad (starr)**
Geschoßgewicht	**0,975 kg**

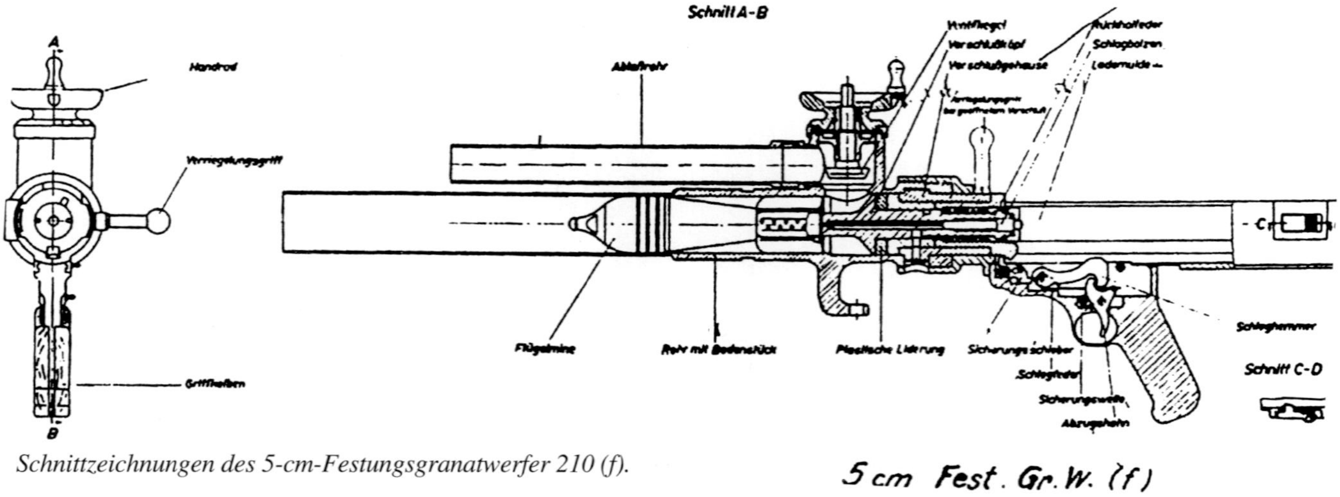

Schnittzeichnungen des 5-cm-Festungsgranatwerfer 210 (f).

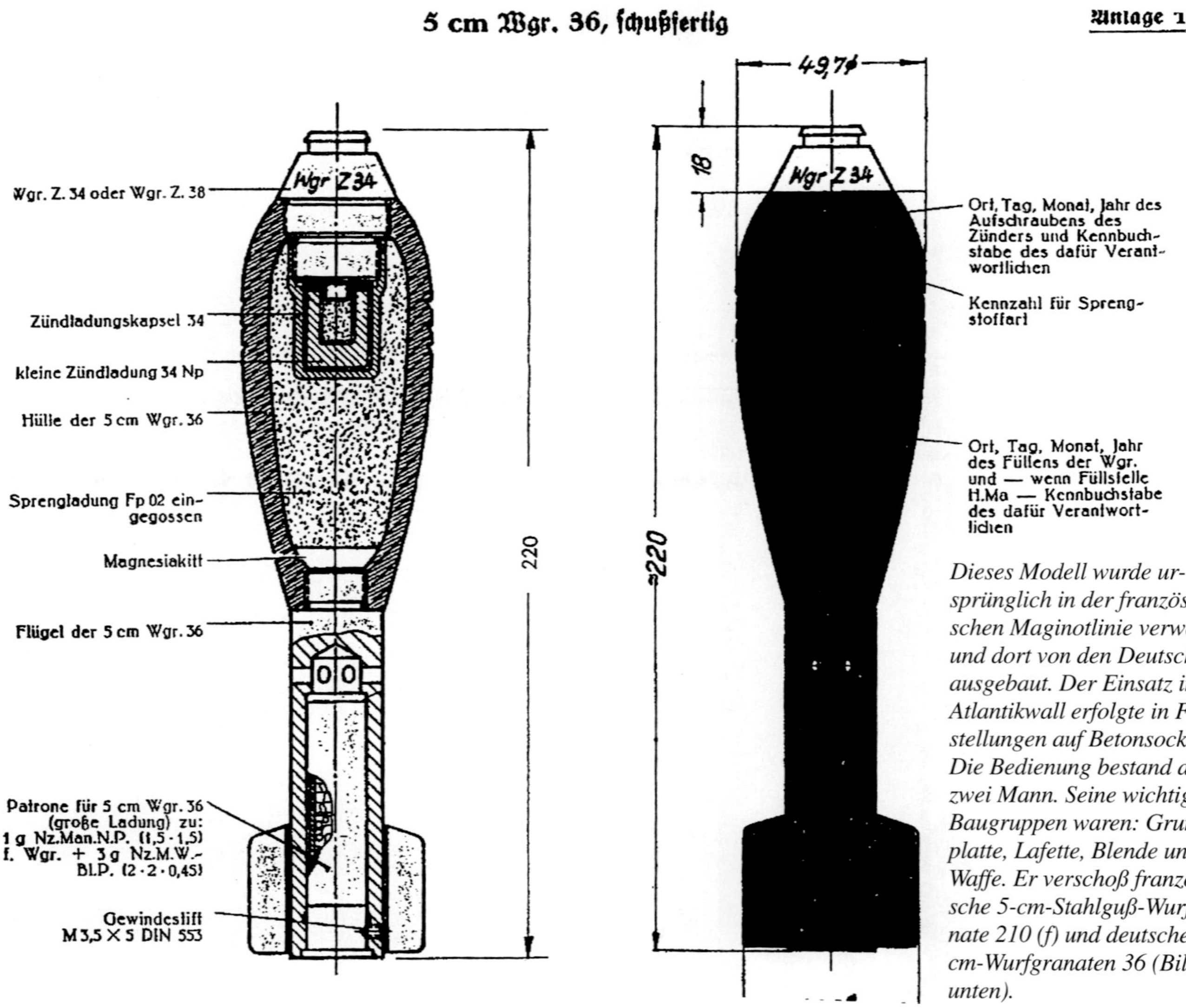

Dieses Modell wurde ursprünglich in der französischen Maginotlinie verwendet und dort von den Deutschen ausgebaut. Der Einsatz im Atlantikwall erfolgte in Feldstellungen auf Betonsockel. Die Bedienung bestand aus zwei Mann. Seine wichtigsten Baugruppen waren: Grundplatte, Lafette, Blende und Waffe. Er verschoß französische 5-cm-Stahlguß-Wurfgranate 210 (f) und deutsche 5-cm-Wurfgranaten 36 (Bild unten).

3,7- cm-Panzerabwehrkanone L/45

Halbautomatische Waffe in Spreizlafette

Kaliber:	**37 mm**
V°:	**745 m/s**
Feuergeschwindigkeit:	**12- 15 SchußJmin**
Schußweite:	**7 500 m (bei max Erhöhung von 25 Grad)**
Schußweite im direkten Richten:	**600 - 800 m**
Rohrlänge:	**L145 = 1665**
Gewicht:	**435 kg**
Seitenrichtbereich:	**60 Grad**
Höhenrichtbereich:	**- 8 bis + 25 Grad**
Geschoßgewicht:	**0,685 kg (Panzergranate)**

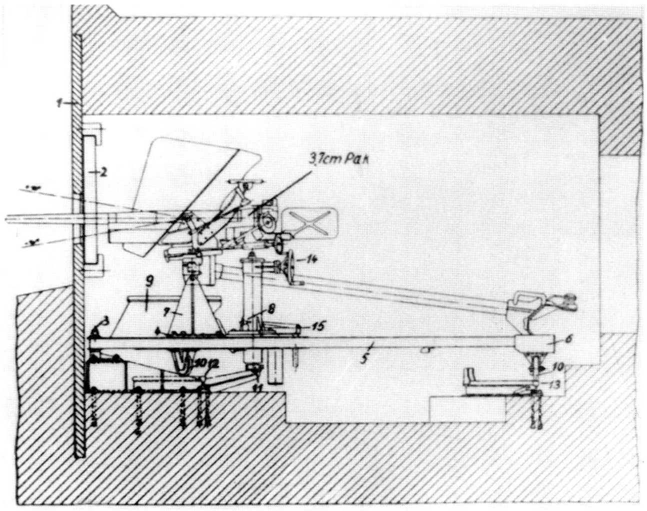

Im Bild eine 3,7-cm-Panzerabwehrkanone L/45 auf Drehbettung in Feuerstellung. Der Einsatz der Panzerabwehrkanone erfolgte hinter Scharten mit 30 und 60 Grad Seitenrichtfeld. Die Drehbettung diente auch zur Aufnahme des Maschinengewehr 08 oder 34 wenn die Panzerabwehrkanone ausfiel oder deren Einsatz statt der Panzerabwehrkanone erforderlich war.

Oben und rechts: Eine Panzerabwehrkanone wird in einen Betonbunker geschoben. Der Eingang der durch schwere Stahltüren gesperrt werden kann, ist wie der ganze Bunker durch Bepflanzung getarnt. Die Schießscharten wurde ohne Unterschild mit Hilfe der Auffahrschienen auf die Plattform der Drehbettung gefahren und mit der Radachse in den Achslagern der Drehbettung befestigt. Dabei nahm man die Räder ab.

Nach der Besetzung von Teilen der Tschechoslowakei im Jahr 1938 wurden aus deren Befestigungsanlagen die Waffen aus-, später im Westwall und im Atlantikwall eingebaut. Von der 4,7-cm-Panzerabwehrkanone (t) kamen 221 Stück zum Einbau. Zu Kriegsbeginn 1939/1940 lieferten die tschechischen Hersteller noch ca. 270 Stück. Es liegen dazu unterschiedliche Angaben vor.

3,7-cm-Panzerabwehrkanone M 37 (t)

Halbautomatische Waffe in Spreizlafette

Kaliber:	**37 mm**
V°:	**750 m/s PzGr.37 (t)**
	705 m/s PzGr. 34 (t)
	715 m/s
SprGr.	**34 (t)**
Feuergeschwindigkeit:	**15 Schuß/min**
Schußweite:	**max. 5 000 m**
Rohrlänge:	**L/47,8 = 1778 mm**
Gewicht:	**364 - 370 kg**
Seitenrichtbereich:	**- 8 bis + 26 Grad,**
auf Stahlbettung	**- 5 bis + 6 Grad**
auf Behelfsbettung	**- 4 bis + 8,25 Grad**
Höhenrichtbereich:	**50 Grad**
Geschoßgewicht:	**1,48 kg Pzgr.Patr. 37 (t)**

4,7-cm-Panzerabwehrkanone K 36 (t)

Halbautomatische Waffe in Kugelkopfschartenlafette

Kaliber:	**47 mm**
V°:	**775 m/s (Panzergranate)**
	600 mls (Sprenggranate)
Feuergeschwindigkeit:	**20 Schuß/min**
Schußweite:	**6 000 m (2900 m)**
Rohrlänge:	**L/43,4 = 2040 mm**
Gewicht:	**1860 - 2600 kg**
	(komplett eingebaut)
Seitenrichtbereich:	**45 Grad**
Höhenrichtbereich:	**- 18 bis + 12 Grad**
Geschoßgewicht:	**1,75 kg (Panzergranate)**
	1,5 kg (Sprenggranate)

4,7-cm-Panzerabwehrkanone (t)

Halbautomatische Waffe in Spreizlafette

Kaliber:	**47 mm**
V°:	**775 m/s**
Panzergranate	**600 m/s Sprenggranate**
Feuergeschwindigkeit:	**20 Schuß/min**
Schußweite:	**6 000 m**
Rohrlänge:	**L/43,4 = 2040 mm**
Gewicht:	**590 kg**
Seitenrichtbereich:	**45 Grad**
Höhenrichtbereich:	**- 8 bis + 26 Grad**
Geschoßgewicht:	**1,75 kg (Panzergranate)**
	1, 5 kg (Sprenggranate)

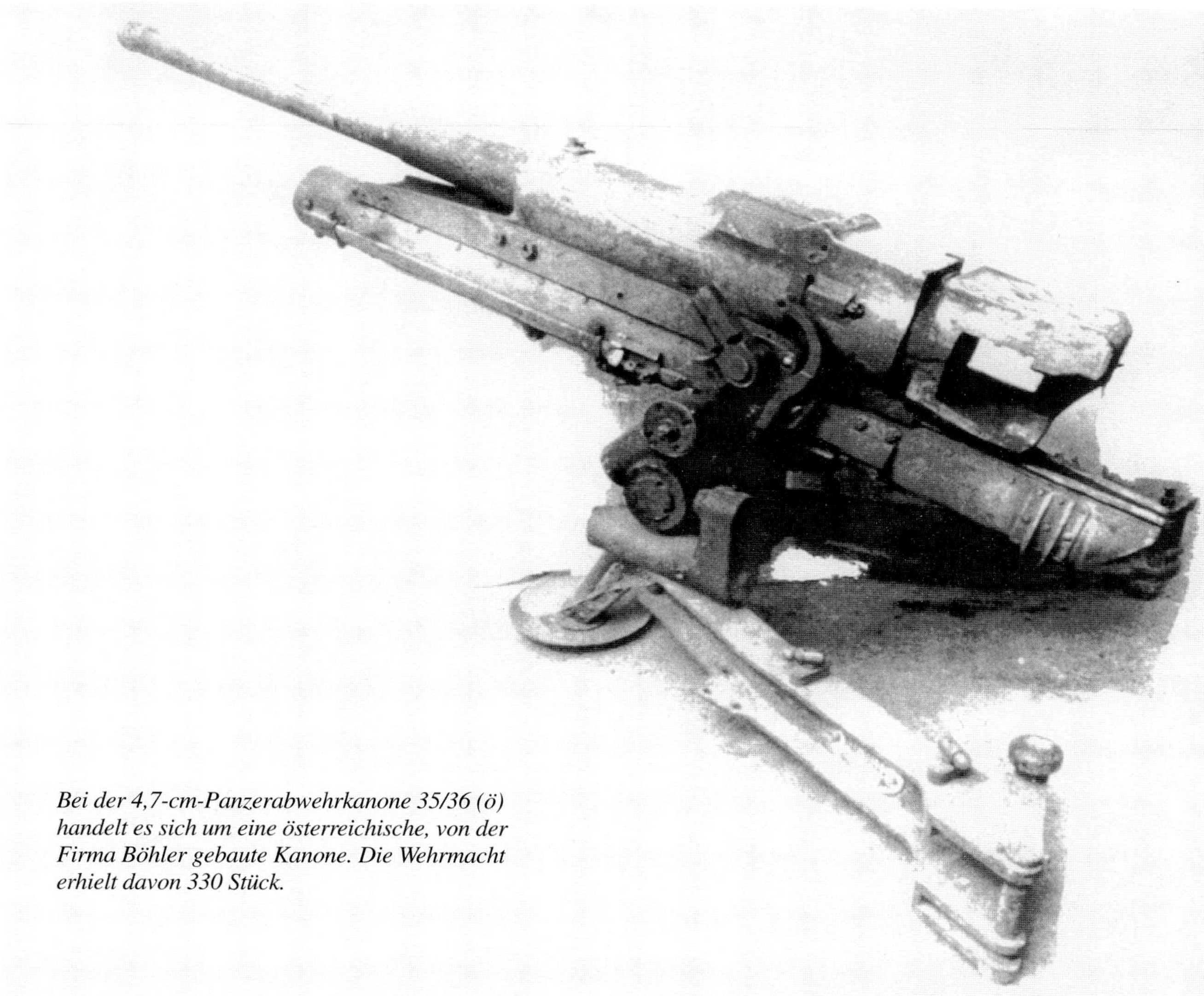

Bei der 4,7-cm-Panzerabwehrkanone 35/36 (ö) handelt es sich um eine österreichische, von der Firma Böhler gebaute Kanone. Die Wehrmacht erhielt davon 330 Stück.

4,7-cm-Panzerabwehrkanone (ö)

Halbautomatische Waffe

Kaliber:	**47 mm**
V°:	**Panzergranate 630 m/s** **Sprengranate 250 m/s**
Schußweite:	**7000 m**
Feuergeschwindigkeit:	**10- 12 Schuß/min**
Rohrlänge:	**L/35,8 = 1680 mm**
Gewicht:	**277 kg**
Seitenrichtbereich:	**62 Grad,** **auf Behelfsbettung 45 Grad**
Höhenrichtbereich:	**- 15 bis + 56, auf Behelfsbettung** **- 6 bis + 6 Grad**
Geschoßgewicht:	**1,45 kg (Panzergranate),** **2737 kg (Sprenggranate)**

Linke Seite:
Postkarte vom Ausbau des Westwalls. Die propagandistische Verwertung spiegelte sich in verschiedenen Publikationen wieder. Damit sollten vor allem die vermeintlichen Gegner abgeschreckt werden. Der Ausbau war zu Kriegsbeginn lange noch nicht abgeschlossen.

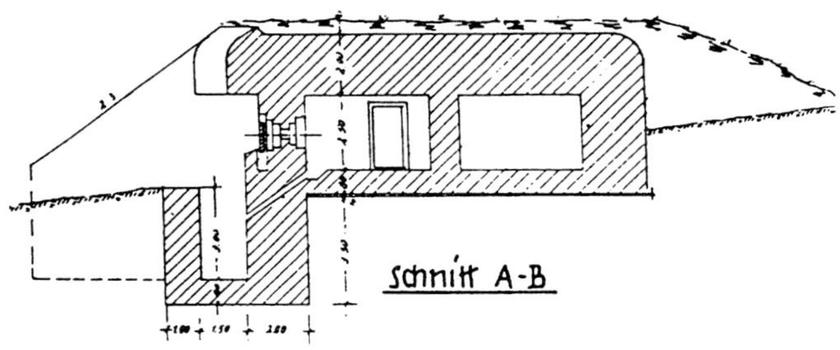

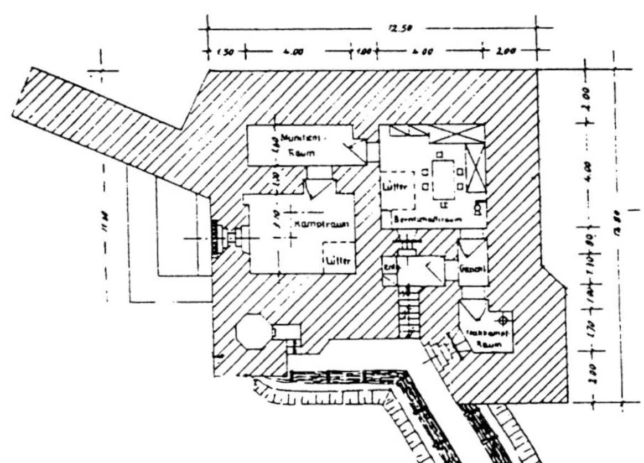

Schnitt- und Grundrißzeichnung der 4,7-cm-Panzerabwehrkanone (t) die im Regelbau 631, sowie in den Regelbauten 139 und 509, gelagert im Pakscharteneinsatz 770 P 4 zum Einsatz kam. Sie wurden an besonders bedrohten Stellungen zur Abwehr von Panzerkampfwagen eingesetzt.

Die lange 10-cm-Kanone in Turmlafette. Bis 1940 kamen nur acht Stück zur Ausfertigung. Die Besatzung wurde durch einen vierteiligen Vorpanzer von 360 t Gewicht zusätzlich geschützt. In dem Panzerturm war außerdem noch ein Maschinengewehr 34 und ein Flammenwerfer zur Nahverteidigung eingebaut.

Kurze 10-cm-Kasemattkallolle (kz 10cm KK)

Halbautomatische Waffe

Kaliber:	**105 mm**
Vo:	**ca 500 mls**
Feuergeschwindigkeit:	**10 - 15 Schuß/min**
Schußweite:	**5 000 m, Kartätschen 200 m**
Rohrlänge:	**L/26 = 2600 mm**
Seitenrichtbereich:	**60 Grad**
Höhenrichtbereich:	**- 5 bis + 10 Grad**
Geschoßgewicht:	**ca 15 kg**

Lange 10-cm-Kanone in Turmlafette

Kaliber:	**105 mm**
Vo:	**835 m/s**
Feuergeschwindigkeit:	**5 - 6 Schuß/min**
Schußweite:	**19 500 m Kartätschen 200 m**
Rohrlänge:	**L/52 = 5460 mm**
Gewicht:	**440 000 - 773 000 kg komplett(je nach Panzerstärke)**
Seitenrichtbereich:	**360 Grad**
Höhenrichtbereich:	**- 5 bis + 45 Grad**
Geschoßgewicht:	**15,14 kg (Sprenggranate) 157 56 kg (Panzergranate)**

Die kurze und die mittlere 10-cm-Kanone K wurde in Panzerkasematten und in Drehtürmen eingebaut. Regelbau 30 P8, Ausführung A und 31 P8 in Ausführung B.

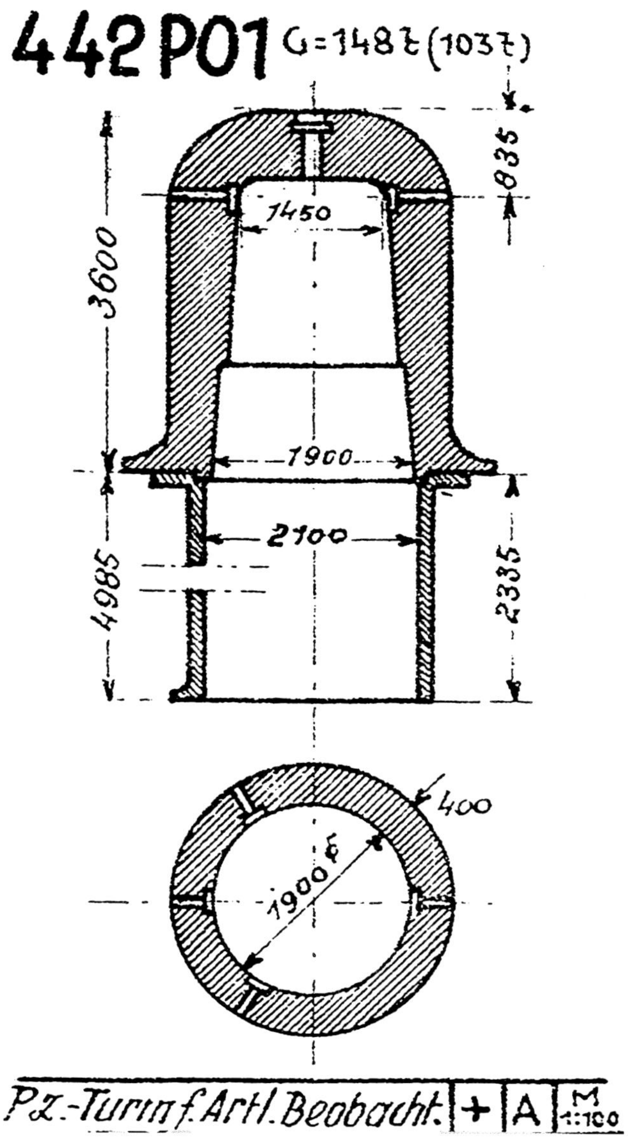

oben: Eine Panzerglocke vor dem Einbau. In den Festungsanlagen wurden verschiedene Panzertürme für die Infanteriebeobachtung eingebaut

Beobachtungskuppel. Gut zu sehen im Bild das Doppelfernglas des Beobachters.

Flugzeugabwehrkanone 8,8-cm-Flak 18

Halbautomatische Waffe in Kreuzlafette

Kaliber:	**88 mm**
V°:	**810 m/s (Panzergranate)** **820 m/s (Sprenggranate)**
Feuergeschwindigkeit:	**20 Schuß/min**
Schußweite:	**14 800 m**
Rohrlänge:	**L/56 = 4930 mm**
Gewicht:	**3710 kg (ohne Sonderanhänger)**
Seitenrichtbereich:	**360**
Höhenrichtbereich:	**- 3 bis + 85**
Geschoßgewicht:	**9 kg (Sprenggranate)** **9,5 kg (Panzergranate)**

Die Flugzeugabwehrkanone 8,8-cm 18 und 36 wurde unter anderem im Schartenstand Regelbau 22 als Panzerab-wehrwaffe eingebaut. Ihre hohe Anfangsgeschwindigkeit und die große Schußweite machten das Geschütz für die Panzerabwehr besonders geeignet. Auf 1000 m Entfernung wurden 106 mm Panzerstahl durchschlagen.

Die 7,5-cm-Feldkanone 16 n. A. war ein Geschütz des Ersten Weltkrieges. Es ist Ende der 20er Jahre von dem ursprünglichen Kaliber 7,7-cm- auf 7,5-cm umgerohrt worden. Bei Kriegsausbruch befanden sich noch 298 Stück im Bestand der Wehrmacht. Sie wurden im Westwall und später in der Küstenverteidigung des Atlantikwalls genutzt.

7,5-cm-Feldkanone 16 n./A.

Halbautomatische Waffe in Kastenlafette

Kaliber:	**75 mm**
V°:	**662 m/s**
Feuergeschwindigkeit:	**10- 12 Schuß/min**
Schußweite:	**11 975 m**
	bei max. Erhöhungvon 44 Grad
Rohrlänge:	**L/36 = 2700 mm**
Gewicht:	**1 524 kg**
Seitenrichtbereich:	**4 Grad**
Höhenrichtbereich:	**-9 bis + 44 Grad**
Geschoßgewicht:	**6,8 kg (Panzergranate)**

4,7-cm-Panzerabwehrkanone (t) in einem Schartenabstand zur Abwehr gepanzerter Fahrzeuge mit Panzerabwehrmauer (Prinzipdarstellung)

Links: Panzerabwehrmauer.

Zum Westwall gehörte die Luftverteidigungszone West, in der Flakbatterien verschiedener Waffenarten/Kaliber konzentriert wurden. Davon waren die wenigsten durch Stahl und Beton geschützt. Der größte Teil der Flugzeugabwehr- Waffenstände hatte befehlsmäßigen Charakter, wie die auf dieser Seite gezeigten Geschützzustände für die 3,7-cm-Flugzeugabwehrkanone.

DIE WAFFEN DER NAHABWEHR IM ZWEITEN WELTKRIEG

Am 28. Juni 1940 veröffentlichte das Oberkommando des Heeres eine Richtlinie über den Abschluß der Arbeiten am Westwall. Darin heißt es unter anderem, daß die gestellten Aufgaben erfüllt worden sind und daß er zunächst in seiner Gesamtheit erhalten bleiben sollte. In dem Dokument wurde festgelegt, daß alle mobilen Waffen auszubauen sind, mit Ausnahme der „festungseigentümlichen Waffen“. Als Hauptaufgabe wurde von nun an die Befestigung der norwegischen, dänischen, deutschen, niederländischen, belgischen, französischen Küste und der Kanalinseln angesehen, projektiert in den Jahren 1940 bis 1944. Zunächst wurden nach den gültigen Grundsätzen des Festungsbaus betonierte und teilweise gepanzerte Verteidigungsanlagen auf einer Länge von 2 685 km errichtet, später dominierten auch hier Behelfe. In der Führeranweisung vom 23.03.1942 heißt es: „ ...der Schwerpunkt der Verteidigung liegt an den Küsten, die in erster Linie als Landeplätze des Feindes in Frage kommen. (Befestigte Räume). Die übrigen Küstenabschnitte werden stützpunktartig gesichert. Sie müssen durch Kräfteabmessung und Bevorratung in der Lage sein, sich längere Zeit auch gegenüber dem überlegenen Feind zu halten.“
Mit der Dauer des Krieges ergaben sich im Festungsbau zwangsläufig Material und Waffenengpässe, die dazu zwangen Behelfe und Provisorien, häufig unter Verwendung von veralteten und erbeuteten Waffen, zu schaffen. Die Bewaffnung der Festungsanlagen erfolgte aus deutschen, französischen, österreichischen und tschechischen Beständen. So erschienen zur Bedienung der Festungswaffen und Festungsanlagen eine Reihe von Dienstvorschriften. Typisch dafür eine Gerätebeschreibung der 5-cm-Kampfwagenkanone in Behelfssockellafette vom 5.09.1942, die kurze Anleitung für die Verwendung der Türme von Panzerkampfwagen I an den ständigen Fronten und die Beschreibung für die Errichtung von Ringständen und ihre Einrichtungen. In letzterer heißt es dazu: „Auf Grund ihrer Bewährung als Tobrukstand“ in Afrika wurden die Ringstände als Bauwerke der feldmässigen Befestigung vom Führer befohlen und auch weiterhin zum Bau zugelassen. In den Ringständen wurden Maschinengewehre auf verschiedenen Lafetten verwendet. Der 5-cm-Granatwerfer 36, der 5-cm Granatwerfer 203 (f) der 5-cm-Festungsgranatwerfer 210 (f) der 8-cm Granatwerfer 34 und der 8,14-cm-Granatwerfer 278 (f) kamen ebenfalls in verschiedenen Bettungen zum Einsatz. Für die Festungsbauten erschien inmFest IIlc 1942 ein neuer Panzer - Atlas 1. In ihm wurden die neuen Regelbauten und ihre Umbauten unter dem Gesichtspunkt der Sparmaßnahmen neu definiert. Für die Nahverteidigung in den Fe-stungsanlagen kamen - soweit vorhanden - leichte und schwere Maschinengewehre, der 5-cm-Granatwerfer M 19, 5- und 8-cm Granatwerfer, 2- und 3,7-cm-Flugzeugabwehr-kanonen 38, zum Einsatz. Zu den Festungswaffen kam auch der provisorische Einbau von Türmen. Dazu trat am 11. Januar 1944 das Sonderprogramm "Aktion Wall“ (Armierung des Westwalls) Verwendung von Panzerkampf-Türmen an ständigen Fronten in Kraft. (Prüf Fest II b). Dies betraf folgende: der Panzerkampfwagen I mit je zwei MG 34, Panzer II mit 2 cm-Kampfwagen Kanone 30, Vk 3 001 mit 7,5-cm-KwK L/24, Panzer 35 (t) mit 3,7 cm-KwK 38(t), Panzer 38 (t) mit 3,7-cm-KwK 38 (t), Hotchkiss-Panzer 38 und 39 mit 3,7-cm-KwK, Somua-Panzer 35 mit 4,7-cm-KwK 35 (f) und Türme vom Panzer V „Panther". Insgesamt gab es im Osten 775 und im Westen 916 Rohre der Kaliber 7,5-cm. Für sie stand Munition nur im beschränktem Umfang zur Verfügung. Eine "Geheime Anordnung“ vom 2.10.1944 des Oberkommandos des Heeres Chef H Rüst u. B d E In Fest (I0) regelte die Ausstattung und Versorgung der Ostfestungen. Weiterhin gab es den Führerbefehl Nr. 11 vom 8. März 1944 wo Städte zu Festungen erklärt wurden. Die sogenannten „festen Plätze“ sollen die gleichen Aufgaben wie die früheren Festungen erfüllen. Die Besatzungen dieser Festungen setzten sich häufig aus den gerade im Umfeld der Festung befindlichen Einheiten und Verbänden verschiedener Waffengattungen zusammen, darunter auch gepanzerte und motorisierte Einheiten. Sie waren für den Kampf um Festungen nur bedingt geeignet. Diese Erkenntnis setzte sich bei der Heeresführung erst im Laufe des Jahres 1944 durch. Deshalb wurden spezielle Festungsformationen aufgestellt:

- Festungsinfanteriebataillone
- Festungsmaschinengewehrbataillone
- schwere Festungsmaschinengewehrbataillone
- super schwere Festungsmaschinengewehrbataillone
- Festungsartillerieabteilungen
- Panzerturmkompanien
- Festungspanzerabwehrkompanien

Sie zeichneten sich durch eine besondere Gliederung und Bewaffnung aus, waren nur eingeschränkt beweglich und hatten vor Beginn der Kampfhandlungen Gelegenheit und Zeit sich mit dem Gelände um die "befestigten Plätze“ vertraut zu machen. Typische Festungswaffen wie sie im ersten und zweiten Kapitel dieses Heftes beschrieben wurden, traten in dieser Phase der Entwicklung des Festungskrieges nur noch vereinzelt auf, vor allem dort wo es zu Kämpfen um permanente Festungsanlagen älterer Bauart, wie zum Beispiel Metz oder am Westwall, kam. Es dominierten Waffen für die der Zusatz „Festung“ nicht mehr in Anspruch genommen werden konnte. Es handelte sich um die ganz normale Infanterie- und Artilleriebewaffnung. Häufig lagen ihre taktisch technischen Eigenschaften unter der normaler Heeresbewaffnung. Kein Wunder, denn es handelte sich um Beutewaffen oder ältere Waffen aus den Hee-reszeughäusern. Sie erhielten durch ihre Einbindung in stärker befestigte Feldstellungen, unter Hinzunahme von Pan-zerkuppeln und anderen festungstypischen Schutzelemen-ten, eine höheren Widerstandskraft. Sie besaßen einen zusätzlichen Schutz. Im Verlauf einer Rüstungsberatung im Mai 1944 fanden nachfolgende festungsbautypische Elemente Erwähnung:

1. le.M.G. Drehhaube (Gerät 4007)
2. M.G. Drehhaube für s.M.G.
3. s.M.G.-Haube - für Einling (Gerät 4005) - für Zwilling (Gerät 4006)
4. s. Panzerdrehturm für Geschütze und Pak
5. Panzerschutz für 8,8-cm- und 10,5-cm Flak
6. Springminen-Werfer in Befestigungen
7. Einsatzvorrichtungen für Pressluft-Granatwerfer in Befestigungsanlagen
8. Drehsockelhaube (Gerät 4809)
9. Einschartenturm für M.G. und Aussenschartenverschluß (Gerät 3062)

Weitergeführt werden sollten:

1. Entwicklungsarbeiten an Pz.Kpfwg. für den ortsfesten Einbau
2. Untersuchung des Einbaues von M.G. 42 in den frz. Einmann Pz.-Drehturm; Entwicklungsabschluß Juni 1944 3. Umbau ital. Pz.-Türme und Kasematten; Abschluß der Entwicklung nicht feststellbar. Einsatz und Umbau der Beutegeräte soll in Italien erfolgen
4. Gürtelpanzer für le. Sockellafetten (F.Pz.K. 2454)
5. Panzerdeckenplatte für 7,5-cm-Pak in Schartenständen (F.Pz.K. 2352), Führerforderung

6. Pz. Kasematte für 8,8-cm-Flak 37 auf Drehbettung, Führerforderung
7. Gürtelpanzer für SKL I (F.Pz.K. 2350)
8. Gürtelpanzer für SKL VI (F.Pz.K.2351)
9. Pz. Schutz für 8,8-cm-Flak 43
10. Gürtelpanzer für 15,5-cm-Kanone 416 und 418 (f) auf Drehsockel in Schatenstand
11. Pz. Schutz für 17-cm-Kanone auf 21-cm-Mörserlafette 18, Führerforderung
12. Pz. Schutz für 21-cm-Kanone in Schartenstand (Nr. 2351)
13. Gürtelpanzer für 7,5-cm-KWK 42 auf SKL in Schartenstand (Nr. 2359)
14. Munitionsaufzug für Felshohlbauten (Nr. 2824)
15. Umbau der M.G.-Schartentürme für M.G. 42
16. Umbau der M.G.-Kasematten mit Kugelkopfschutz für M.G.42
17. Gasdichte Schiebetür (Austauschstoffe)
18. Beton-Inf. Schutzschild

Reduzierungen waren unter anderem bei Wellblech (von 9 500 auf 4 000 Tonnen monatlich) und bei Panzerkampfwagentürmen (50 an Stelle von 76) in Aussicht gestellt. Natürlich fehlte ihnen das, was klassische Festungswaffen auszeichnete, der volle Schutz der Waffe und ihrer Bedienung und die Anbindung an permanente Festungen mit eigener Versorgung. Im Rüstungs-Notprogramm vom 23.01. 1945 wurde die Bewaffnung der Artillerie auf zwei Geschütze le.FH. und sFH festgelegt, für die Heeresflak-Artillerie auf die 3,7-cm- und als Abgabe aus der Luftwaffe die 2-cm- und 8,8-cm-Geschütze. Das Notprogramm war einschließlich der erforderlichen Belieferungen, Ersatzteile und Munition mit unbedingtem Vorrang gegenüber allen anderen Rüstungsfertigungen durchzuziehen. 1945 war die Nahabwehr in den zur Festung ernannten Städten im Heimatgebiet Aufgabe der Grenadier- und Volkssturmbataillone in ihren feldmäßig ausgebauten Stellungen. Selten waren in den Städten ständige Verteidigungsanlagen vorhanden wie zum Beispiel in Küstrin. In Frankfurt/Oder und Küstrin kamen Festungspanzerturm Kompanien zum Einsatz. Interessant ist in dem Zusamenhang ein Bericht über eine Inspektion der Festung Küstrin vom 27.2. 1945. In der Festung gab es 18 7,5-cm-Panzerabwehr Kanonen 40 und 5 Panthertürme. Viel zu wenig. Küstrin wurde daraufhin mit 10 8,1-cm Granatwerfer (i) mit je 300 Schuß verstärkt. Die zum Verteidigungsbereich erklärte Stadt Dresden erhielt unter anderem 49 4,5-cm-Granatwerfer 176 (i) mit je 300 Schuß und 2-cm-Granatwerfer 225 (f) mit je 275 Schuß zur Verfügung. Das Niveau des Festungskrieges sank auf die Stufe des normalen Feldkrieges und die Festungsartillerie unter das Niveau der üblichen Feldartillerie. Die durch festungstypische Waffen, Waffenständen und Schutzbauten charakterisierten Festungen, waren zum Ende des Zweiten Weltkrieges an die Grenzen ihrer Leistungsfähigkeit gekommen. Die Angriffswaffen waren stärker.

Dieser Panzerturm französischer Herkunft gehörte zu den belgischen Befestigungsanlagen an der Küste bei Ostende. Er ist später in den deutschen Atlantikwall eingebaut worden. Aufnahme vom Juli 1940.

Tobruk-Stände (Ringstände) dienten der Verstärkung feldmäßiger Befestigung und ergänzten häufig bereits vorhandene Panzerwerke bzw. Werkgruppen. Sie wurden aus Stahl hergestellt und bestanden aus einem Kampfraum, der bodengleich abschnitt mit einem Raum, der Platz für Bedienung, Ausrüstung und Munition bot. Bei allen Ringständen wurde der Kragendurchmesser so gering wie möglich gehalten. Bei der Tarnung war es besonders wichtig, die kreisrunde Form zu verbergen.

Unten: Tobruk-Stand mit Maschinengewehr-34. Hieraus hatte der Schütze die Möglichkeit, Erd-, See-, und Luftziele aus guter Deckung zu bekämpfen. Ausgerüstet waren die Stände unteranderem mit leichten Maschinengewehren 34 und 42. Es gab dazu verschiedene Lafetten. Auch konnten in den Ringständen Granatwerfer, so zum Beispiel die leichten 5-cm-Granatwerfer und der 5-cm-Festungsgranatwerfer 210 (f), der mittlere 8-cm-Granatwerfer 34 und der 8,14-cm-Granatwerfer 278 (f) eingesetzt werden.

Im Laufe des Krieges kam es zum befehlsmäßigen Einsatz von verschiedenen Panzertürmen. Im Bild ein APX-Turm. Hergestellt aus Gußstahl wurde er von den französischen Panzern Renault R-35 oder Hotchkiß H-35 übernommen.
Er besaß eine 3,7-cm Kampfwagenkanone und ein 7,5-mm-Maschinengewehr.

Links:
Ein belgischer Panzerturm eingebaut im Atlantikwall mit einer 4,7-cm-Kampfwagenkanone.

Schnittzeichnung eines Panzerturmes im leichten Betonstand.

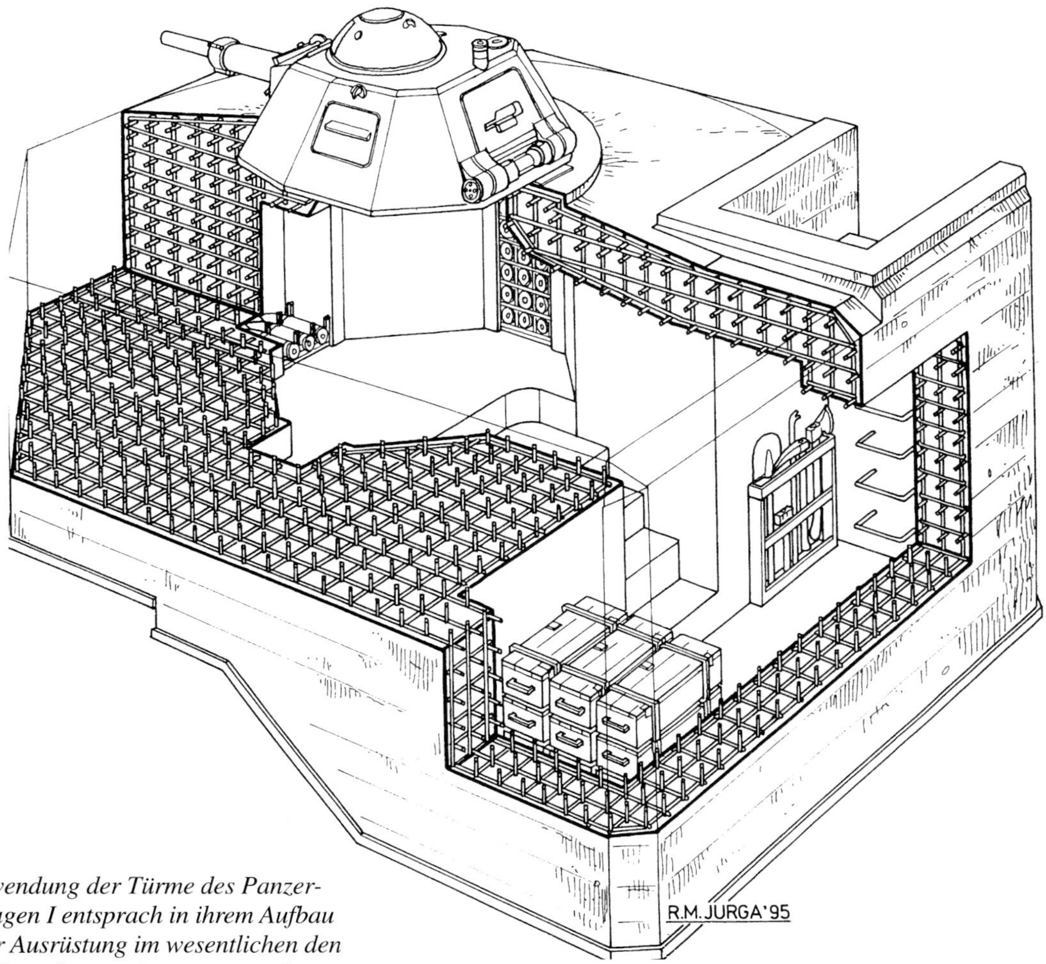

Die Verwendung der Türme des Panzerkampfwagen I entsprach in ihrem Aufbau und ihrer Ausrüstung im wesentlichen den für den Kampfwageneinsatz vorgesehenen Türmen. Der Tarnung gegen Erd- und Luftbeobachtung war der größte Wert beizumessen.

Unten:
In der kurzen Anleitung für die Verwendung der Türme des Panzer-Kampfwagens I an den ständigen Fronten vom 15. März 1943 heißt es, das die Türme ein bzw. zwei Maschinengewehren 13 einschließlich Zubehör, eine Zielschiene für Maschinengewehr 13 und eine T.Z.F. 2 als Zielobjekt erhalten. Im Bild Panzer II Turm mit 3,7 Kampfwagenkanone L/45.

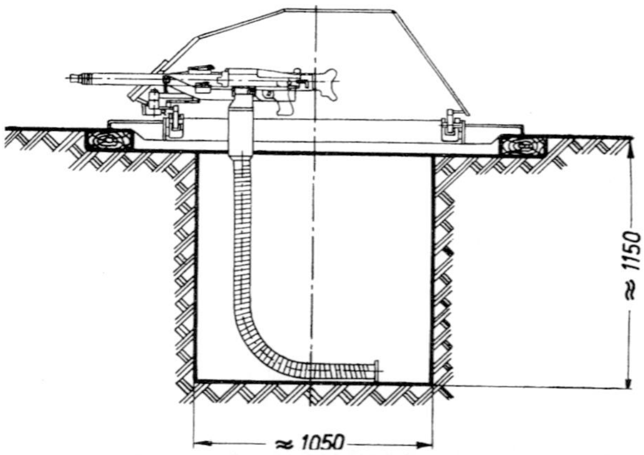

Zur befehlsmäßigen Bestückung fester Fronten wurde u.a. der Festungspanzer-Drehturm 4007 eingesetzt. Er konnte von 8 Mann kurze Strecken getragen werden. Sein Gewicht betrug ca. 0,325 t. 2 Mann Bedienung waren vorgesehen mit einem Maschinengewehr 43 oder 42. Das Maschinengewehr hatte einen Seiten- von 360 und einen Höhenrichtbereich von -12 bis +12 Grad.

7,5-cm-Kanone 51 L/24 in befehlsmäßiger Sockellafette als Festungs-Panzerkanone. Rückansicht der 7,5-cm-Kanone 51 L/24. Unten: 24 Geschütze dieser Art besaß der Festungs-Pak-Verband 26 1945, in Frankfurt/Oder. Mit ihren Hohlladungsgranaten konnten 75 mm dicke Panzerungen durchschlagen werden.

5-cm-Kampfwagenkanone in Befehlssockellafette. Sie bestand aus einer Lafette und der Grundplatte. Mittels der Grundplatte wurde die Waffe mit dem Betonfundament verschraubt.

4,5-cm-Granatwerfer 176 (i) italienisch Brixia Modell 35 zählte zu den Beutewaffen italienischer Herkunft, die 1945 u.a. in der Festung erklärten Stadt Dresden zum Einsatz kamen.

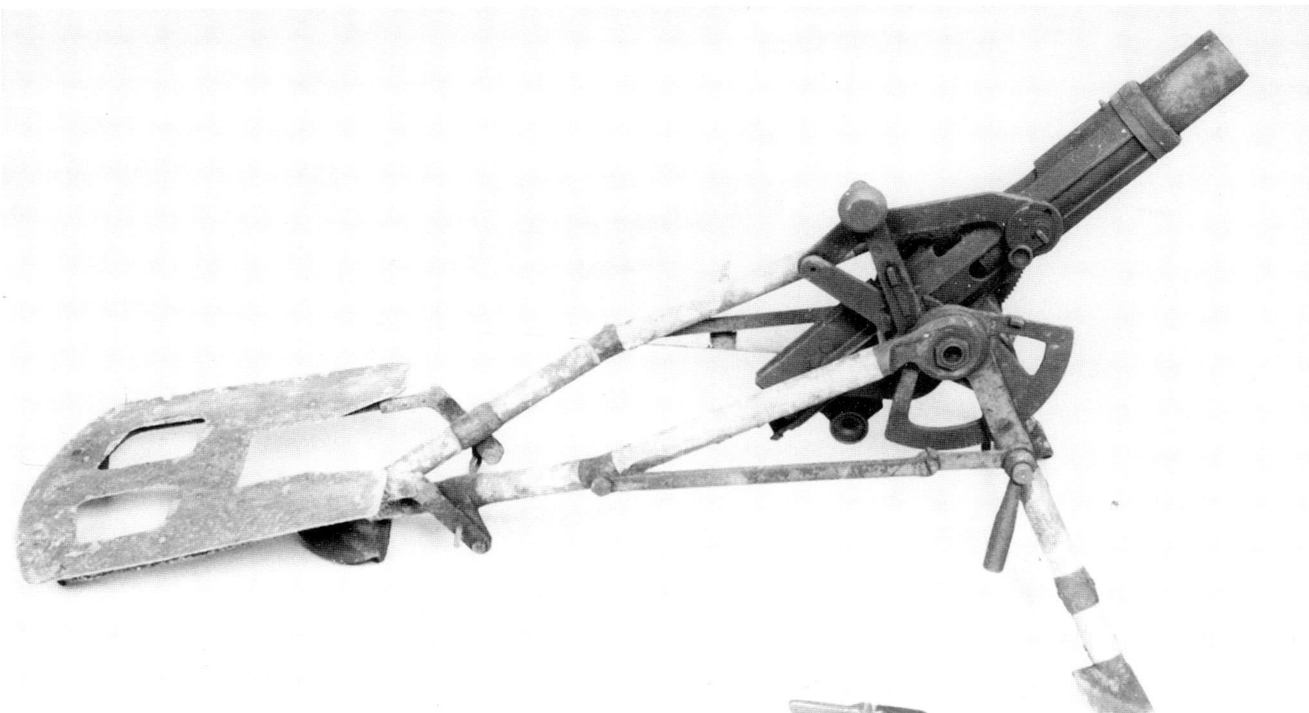

Diese 3,7-cm-Kampfwagenkanone war ursprünglich auf einer Sockellafette montiert und kam zum Kriegsende ebenfalls in Dresden als Panzerabwehrkanone zum Einsatz. Sie wurde in den 80er Jahren im Norden der Stadt geborgen.

Nach dem Kämpfen zerstörter Westwallbunker im Saarland. Aufnahme aus dem Jahr 1945.

Betonierter Kampfstand im Brückenkopf Colmar. Beobachtungsstand mit Maschinengewehrtsand.

Sowjetische Truppen der 1. Garde Panzerarmee 1945 am Oder-Warthe-Bogen. Nur drei Tage wurde die Linie Ende Januar 1945 umkämpft.

Französischer Panzerturm APX mit einer 3,7-cm-Kanone und einem Maschinengewehr. Mit diesen Türmen waren die französischen Panzer R-35 und H 35 bestückt. Sie wurden in größerer Zahl von deutschen Truppen erbeutet und als Festungspanzerdrehtürme verwendet.